कुर्बानी अनजान शहीदों की

रविचन्द्र गुप्ता

प्रकाशन विभाग
सूचना और प्रसारण मंत्रालय
भारत सरकार

प्रथम संस्करण : 2002 (शक 1924)
द्वितीय संस्करण : 2014 (शक 1935)

मूल्य : ₹ 60.00

ISBN : 978-81-230-1907-09
CHL-HIN-REP-087-2013-14

अपर महानिदेशक, प्रकाशन विभाग, सूचना और प्रसारण मंत्रालय, भारत सरकार, सूचना भवन, सी. जी. ओ. कांप्लेक्स, लोधी रोड, नई दिल्ली-110003 द्वारा प्रकाशित

वेबसाइट :http://www.publicationsdivision.nic.in

संपादक : **सीमा ओझा**

आवरण : **राजिन्द्र कुमार**

विक्रय केंद्र : सूचना भवन, सी. जी. ओ. काम्प्लेक्स, लोधी रोड, **नई दिल्ली**-110003; हाल नं. 196, पुराना सचिवालय, **दिल्ली**-110054; 'बी'-विंग, सातवीं मंजिल, केंद्रीय सदन, बेलापुर, **नवी मुंबई**-400614; 8, एस्प्लेनेड ईस्ट, **कोलकाता**-700069; 'ए' विंग, राजाजी भवन, बेसेंट नगर, **चेन्नई**-600090; प्रेस रोड, निकट गवर्नमेंट प्रेस, तिरुअनंतपुरम-695001; ब्लाक 4, प्रथम तल, गृहकल्प काम्प्लेक्स, एम.जी. रोड, नामपल्ली, **हैदराबाद**-500001; प्रथम तल, 'एफ' विंग, प्रथम तल, केंद्रीय सदन, कोरामंगला, **बंगलुरू**-560034; बिहार राज्य सहकारी बैंक बिल्डिंग, अशोक राजपथ, **पटना**-800004; हॉल नं. 1, द्वितीय तल, केंद्रीय भवन, सेक्टर एच, अलीगंज, **लखनऊ**-226024; अंबिका कॉम्प्लेक्स, प्रथम तल, पालदी, **अहमदाबाद**-380007; के.के.बी. रोड, न्यू कॉलोनी, हाउस नं. 7, चेनीकुथी, **गुवाहाटी**-781003

टाइपसेट : विजय कुमार मिश्र, मुनीरका गांव, पोस्ट- जे.एन.यू., नई दिल्ली-110067
मुद्रक : जे0 के0 ऑफसेट : बी-278, ओखला इंडस्ट्रियल एरिया, फेस-1, नई दिल्ली-20

भूमिका

प्लासी युद्ध में सिराजुद्दौला के प्रधान सेनापति मीर जाफ़र ने गद्दारी का चोला ओढ़ते हुए क्लाइव का साथ देकर मुर्शिदाबाद की गद्दी तो हथिया ली लेकिन इस गद्दी के एवज में उसे 72.71 लाख से अधिक चांदी के सिक्के पहली किश्त के रूप में कंपनी को तुरंत (6 जुलाई, 1757) ही चुकाने पड़े। इन सिक्कों को 700 संदूकों में भरकर 100 नौकाओं से गाजे-बाजे के साथ कंपनी के कोषागार में पहुंचाया गया। मीर कासिम अपने श्वसुर मीर जाफ़र की निर्लज्जता, निर्बलता, कायरता और अयोग्यता पर शर्मिंदा एवं दुखी था। कंपनी के सरदारों द्वारा चापलूसी, चालाकी और चरित्रहनन के हथकंडों द्वारा धन वसूलने का जो खेल खेला जा रहा था उनसे वह सूबे को बचाना चाहता था, तभी तो उसने मीर जाफ़र के प्रधानमंत्री बनने पर अपनी सहमति दे दी। लेकिन कंपनी सरदारों के प्रपंचों में वह ऐसा उलझता चला गया कि दिसंबर 1760 में अंग्रेजों ने मीर जाफ़र के स्थान पर मीर कासिम को गद्दी पर बैठाने के साथ-साथ उससे बर्दवान मिदनापुर व चटगांव की जमींदारी भी प्राप्त कर ली। यह घटना भारत में कंपनी शासन की पहली दस्तक थी। इस क्षेत्र में जमींदारों ने इस व्यवस्था का विरोध किया। पूर्ववर्ती शासन में पूर्णतया संतुष्ट कृषक समुदाय को भी अंग्रेजों का यह लूटमार का व्यवहार सहन न हुआ। यह विरोध संघर्ष में बदला और जंगल महाल का क्षेत्र कैप्टन व्हाइट की तोपों की गड़गड़ाहट से गूंज उठा। वास्तव में भारतीय सशस्त्र क्रांति की यही भूमिका थी जिसे अधिकांश इतिहासकारों ने 'जंगल महाल जमींदार विद्रोह' कहकर इसकी राष्ट्रीय महत्ता को कम करके आंकने का प्रयास किया है।

सन् 1764 ई. में बक्सर युद्ध के पश्चात् 'इलाहाबाद-संधि' से भारतीय जन समुदाय पर अंग्रेजों के मनमाने अत्याचारों का मार्ग खुल गया। धीरे-धीरे सन् 1856 तक इस कंपनी ने भारत के सभी तटीय क्षेत्रों पर 'मद्रास प्रेसीडेंसी, मुंबई प्रेसीडेंसी तथा बंगाल प्रेसीडेंसियां स्थापित कर लीं और उत्तर पश्चिम में अनेक भारतीय राजाओं को हराकर अपना शासन स्थापित कर लिया।

कंपनी द्वारा राज्य लिप्सा पूरी करने के लिए निरीह, भोले और शांतिप्रिय

भारतीयों पर अत्याचारों की परिणति ही 1857 के स्वतंत्रता संघर्ष के रूप में फूट पड़ी। इसके बाद तो समूचे भारत में ऐसी चेतना जागी कि महलों से लेकर झोपड़ियों तक, राजा-महाराजाओं से लेकर संत फकीरों तक, संभ्रांत नगर-जन से लेकर निरक्षर जनजातियों तक, खेत-खलिहानों, खपरैलों और चौपालों तक के जन-जन में अंग्रेजी शासन से मुक्ति पाने के लिए बलिदानों की होड़ लग गई। सुदूर प्रदेशों की वन-वीथियों से लेकर पर्वतीय अंचलों व गांवों के लोगों में भी अंग्रेजी शासन से मुक्ति पाने की छटपटाहट ने क्रांति का रूप ले लिया। इस सशस्त्र क्रांति में अनेक क्रांतिवीरों ने अपनी अस्थियों की समिधा से स्वतंत्रता आंदोलन की यज्ञाग्नि को उग्रता प्रदान की। विडंबना यह रही कि अधिकांश लेखकों, साहित्यकारों व कवियों की दृष्टि उच्च गगन के चमकते हुए कलशों पर ही अटक कर रह गई, नींव में दबे अनगढ़ किंतु सुदृढ़ पत्थरों को वे न देख पाए, पहचान की तो बात दूर रही। आश्चर्य की बात यह है कि देश की आजादी के लिए मर मिटने वाले इन देशभक्तों को विदेशी इतिहासकारों ने डाकू और लुटेरे कहकर लांछित किया ही, कई भारतीय इतिहासकारों ने भी इनके देश-प्रेम को अनदेखा किया।

आज इतिहास के उत्खनन की आवश्यकता है। उत्खनन केवल भूखंडों या खंडहरों का ही नहीं होता, इतिहास का भी होता है। देश के दूर-दराज के क्षेत्रों की विविध भाषा व बोलियों के असंख्य लोकगीतों में छिपा इतिहास, अनाम, अज्ञात और अल्पज्ञता शूरवीरों की गाथाएं आज भी इतिहासकारों को खोज हेतु चुनौती दे रही हैं। यदि हम प्रतिष्ठित व चर्चित स्थानों से तनिक हटकर दूर-दराज के अंचलों में जाकर वहां की बोलियों व लोकगीतों को सुनें तो उनमें जो आजादी की तड़प मिलेगी उससे भारतीय स्वतंत्रता संग्राम के इतिहास में कुछ और नए पन्ने जुड़ सकेंगे।

देश की स्वतंत्रता की बलिवेदी पर मर मिटने वाले ऐसे ही चंद भूमि-पुत्रों को इस पुस्तक में स्थान दिया गया है। मध्य प्रदेश के आदिवासी भीमा नायक और तांतिया भील को ब्रिटिश सरकार ने डाकू और लुटेरा घोषित कर दिया था। ब्रिटिश सरकार के दस्तावेजों में डाकू और लुटेरों के रूप में अंकित ये दोनों आदिवासी क्रांति नायक राष्ट्रीय भावना से ओत-प्रोत होते हुए भी भारतीय स्वतंत्रता संग्राम के इतिहास से ओझल ही रहे। छत्तीसगढ़ के गुण्डाधूर की शौर्य गाथा न तो ब्रिटिश इतिहास के दस्तावेजों में ही उपलब्ध है और न भारतीय स्वतंत्रता संग्राम के इतिहास में ही कहीं उसका वर्णन है। लेकिन इस भूमि-पुत्र की गाथा को आज भी आदिवासी अपने लोकगीतों में संजोए हुए हैं। यथा--

नेतानार गुण्डाधूर कबोर इत्तोर।
आबा आकते मिरियाम कुट्टी।

1942 में 'अंग्रेजों भारत छोड़ो' घोषणा से 60 वर्ष पूर्व ही असम के शंभुधन फुंगलो ने अंग्रेजों को भारत भूमि से भाग जाने की चेतावनी दे दी थी। झारखंड के सिद्धू और कान्हू संथाल आदिवासियों ने 1855 में पचास हजार संथालों का संगठन तैयार कर कंपनी सरकार को ललकारा था। समस्त भारत से अंग्रेजों का समूल नाश करने का संकल्प लेकर इनकी सेना निरंतर कोलकाता की ओर बढ़ चली। पांच दिन के खूनी संघर्ष में जब कंपनी सरकार के अस्तित्व पर ही प्रश्नचिह्न लग गया तो गोरी पलटन बुलाई गई। इस संघर्ष में लगभग 20 से 25 हजार तक संथालों ने स्वतंत्रता की बलिवेदी पर अपने रक्त का अर्घ्य चढ़ाकर शहादत प्राप्त की थी। लेकिन आज उनकी शहादत इतिहास के पन्नों में समय की गर्द के नीचे दब कर रह गई है। झारखंड के ही आदिवासी बिरसा मुण्डा ब्रिटिश सत्ता के विरुद्ध संघर्षरत रहकर सन् 1900 में रांची जेल में ब्रिटिश क्रूरता का शिकार हो गए। बिरसा के बलिदान से उस क्षेत्र में ऐसी चेतना जागी कि छोटा नागपुर, पलामू, रांची, सिंहभूम, संथाल परगना, राजमहल व पाकुड़ आदि जगहों पर क्रांति के शोले धधकने लगे। यही कारण है कि बिरसा को इतिहास में स्थान मिले या न मिले, वह आज भी मुंडारी लोकगीतों में जीवित हैं और 'बिरसा भगवान' के रूप में पूज्य हैं। यथा--

तमाड़ परगना गेरेडे उली हातु
बिरसा भगवान-ए जोनोम लेना।

हमारी राष्ट्रीय अस्मिता और गरिमा की अपेक्षा यह है कि ज्ञात-प्रख्यात क्रांतिवीरों के साथ-साथ उन अज्ञात व अचर्चित राष्ट्रीय हुतात्माओं का भी श्रद्धास्पद एवं संप्रेरक पुण्य स्मरण किया जाए। यह पुस्तक इस अपेक्षा की पूर्ति कर पाएगी, इस विश्वास के साथ मैं इसे उन्हीं राष्ट्रीय विभूतियों के लिए समर्पित करता हूं।

अनुक्रम

पूर्वोत्तर भारत के आदिवासी क्रांतिवीर

1.	वीर शंभुधन फुंगलो	1
2.	शहीद कुशल कोवंर	6
3.	तिलका डेकाह	11
4.	वीर टिकेंद्रजीत सिंह और जनरल थंगल	14
5.	ऊ. तिरोत सिंह	20

झारखंड के आदिवासी क्रांतिवीर

6.	बिरसा मुंडा	24
7.	सिद्धू, कान्हू, चांद और भैरव	30

मध्य प्रदेश और छत्तीसगढ़ के आदिवासी क्रांतिवीर

8.	गोंड राजा शंकर शाह	35
9.	नारायण सिंह सोनाखान	41
10.	भीमा नायक	48
11.	तांतिया भील	52
12.	गुण्डाधूर	57

अन्य क्रांतिवीर

13.	अल्लुरि सीतारमन राजू	63
14.	नारगुण्ड के राजा भास्कर राव	67
15.	वीर चन्द्र सिंह गढ़वाली	71

वीर शंभुधन फुंगलो

भारतीय स्वतंत्रता संग्राम के इतिहास में अनेक ऐसे नाम हैं जिन्हें आज तक इतिहास के पन्नों में उचित स्थान व सम्मान नहीं मिल पाया है। साधारण जनता के सामने केवल गिने-चुने नाम ही आते रहते हैं और उन्हें ही श्रद्धासुमन अर्पित किए जाते हैं। लेकिन कभी-कभी इतिहास के पन्नों में खोए हुए उन गुमनाम शहीदों को भी याद किया जाना चाहिए, जिन्होंने मां-भारती के चरणों में अपना

सारा जीवन ही समर्पित कर दिया। ऐसे ही वीरों में एक नाम है असम के शंभुधन फुंगलो का जिसने सन् 1942 के 'भारत छोड़ो आंदोलन' से 60 वर्ष पूर्व ही 'अंग्रेजों बाहर जाओ' की घोषणा कर दी थी। असम के माईबांग नगर में रणचंडी का एक प्राचीन मंदिर है। इसी मंदिर के निकट लंकर एक छोटा-सा गांव है। इसी गांव में सन् 1850 में देप्रेंदाओ फंगलो के घर में शंभुधन ने जन्म लिया। बचपन से ही शंभुधन शिवभक्ति में खोए रहते थे। जंगलों में कई वर्षों तक तपस्या करने के बाद 'शिव कृपा' प्राप्त करके जब यह घर लौटे तो लोगों ने इनका जोरदार स्वागत किया। शंभुधन जड़ी-बूटियों से लोगों की बीमारियों का इलाज करने लगे। लोग 'शिव-प्रसाद' समझ कर इनसे दवा लेने आते और ठीक हो जाते। कई वर्षों तक यही क्रम चलता रहा।

असम में नगाहिल्स के क्षेत्र में सदियों से चले आ रहे डिमासा और कछारी राज्य अंग्रेजों की 'फूट डालो और शासन करो' नीति के कारण छिन्न-भिन्न हो चुके थे। 1854 में सेनापति (जिसे राजा के ही अधिकार प्राप्त होते थे) तुलाराम के निधन के बाद अंग्रेजों ने इस क्षेत्र को पूर्णतः अपने अधिकार में ले लिया, इससे जनता में भारी असंतोष था। इसके कुछ वर्षों बाद नगांव और नगाहिल्स को दो अलग-अलग जिलों में बांट दिया। अंग्रेजों को केवल इससे ही संतोष नहीं हुआ। उन्होंने दयांग तथा कपीली वैली को नगांव जिले में तथा उत्तर कछार क्षेत्र को नगाहिल्स जिले में विभक्त कर जनता की भावनाओं में ज्वार की स्थिति उत्पन्न कर दी। यह असंतोष धीरे-धीरे विद्रोह में बदलने लगा। इस विभाजन ने शंभुधन फुंगलो को विचलित कर दिया। शंभुधन लंबे कान तथा काली आंखों वाला लंबे कद का पाठा जवान था। शिवभक्त होने के कारण लोग उसका बहुत सम्मान करते थे। अंग्रेजों की नीति का विरोध करने के लिए शंभुधन ने बड़े धैर्य से काम लिया। सर्वप्रथम उसने आस-पास के क्षेत्रों में राष्ट्रीय चेतना जागृत करने हेतु भ्रमण किया। जहां-जहां वह जाता युवाओं में नई जागृति लाकर उनको एक संगठन के सूत्र में बांध देता। इस प्रकार अनेक गांवों में 20-30 युवाओं के बहुत से संगठन स्थापित हो गए। वह सबसे यही कहता कि मैं 'शिवजी की प्रेरणा से यह सब कर रहा हूं।'

शंभुधन ने माईबांग में रणचंडी मंदिर के परिसर में गुप्त रूप से क्रांतिकारी गतिविधियों के लिए प्रशिक्षण शिविर स्थापित कर दिया। इस केंद्र से प्रशिक्षित

क्रांतिकारी गावों में जा-जाकर युवाओं को प्रशिक्षित करने लगे। शंभुधन ने अपने को क्रांतिवाहिनी का कमांडर एवं मोलोंगथांग को सह-कमांडर घोषित कर दिया। शंभुधन के संकेत पर विभिन्न क्षेत्रों में युवा मंडलियों ने अंग्रेजों के विरुद्ध संघर्ष का बिगुल बजा दिया। इधर शंभुधन फुंगलो ने घोषणा कर दी-- 'अंग्रेजो बाहर जाओ'। उत्तर कछार जिले के गांव-गांव से जब क्रांतिकारी सैनिक निकल पड़े तो अंग्रेज अधिकारियों की निद्रा टूटी। यह सब उनके लिए अप्रत्याशित था। उत्तर कछार क्षेत्र अनुमंडल का प्रमुख अंग्रेज मेजर बोयाड और जूनियर पोलिटीकल अधिकारी सी. सोपीट बड़े ही क्रूर और अत्याचारी थे। शंभुधन की क्रांतिकारी सेना ने अंग्रेजों को भारी क्षति पहुंचाई। सारे उत्तर कछार क्षेत्र में ब्रिटिश शासन तंत्र ही फेल हो गया। जिला आयुक्त ने शंभुधन, मोलोंगथांग व उनके सलाहकार मान सिंह के नाम गिरफ्तारी के वारंट जारी कर दिए। वारंट लेकर छः सिपाही माईबांग पहुंचे। वहां शंभुधन का इतना अधिक भय और दबदबा था कि पुलिस दल को उसके सामने जाने का साहस ही नहीं हुआ और वह वारंट का निष्पादन किए बिना ही वापस लौट गया। शंभुधन को इस घटना का पता चला तो ब्रिटिश अधिकारियों को एक पत्र लिखवा कर भेजा, जिसकी भाषा इस प्रकार थी।

> *अरे-ओ सफेद चमड़ी वाले बुलबुलो! मैं तुम्हारा काल बनकर आ रहा हूं। यदि तुम इस पृथ्वी पर जीवित ही रहना चाहते हो तो मेरे गुजंग पहुंचने से पहले ही हमारे देश की पवित्र मिट्टी का अविलंब परित्याग कर दो। किसी अवैध सत्ता का सैनिक शंभुधन को स्पर्श भी नहीं कर सकता।*

इस पत्र को भेजने के बाद शंभुधन ने इस पत्र की प्रतिक्रिया का अनुमान लगाते हुए ब्रिटिश आक्रमण से निपटने की पूरी तैयारी कर ली। प्रशिक्षण शिविरों को एक स्थान से हटा कर ऊंचे टीलों पर स्थापित कर दिया गया। सैनिकों को भावी खतरों एवं युद्ध का संकेत देने हेतु साईरन बजाने की व्यवस्था कर दी गई। सभी को युद्ध संबंधी निर्देश दे दिए गए।

उधर मेजर बोयाड एवं सोपीट शंभुधन का पत्र मिलने के बाद से ही बौखलाए हुए थे। भारी सैन्य दल के साथ वह शंभुधन के शिविरों के पड़ाव की

ओर चल पड़े। शिविर क्षेत्र में प्रवेश करने पर प्रवेश द्वार के सैनिकों ने भी उन्हें नहीं रोका। अंदर प्रवेश करने के बाद मेजन बोयाड ने देखा कि शिविरों में कोई हलचल नहीं है, पूर्ण शांति का साम्राज्य है। तभी साइरन की ध्वनि ने शांति भंग की। इसके बाद भी कोई हलचल नहीं। (यह ध्वनि इस बात का संकेत था कि शत्रु शिविर में प्रवेश कर गया है आक्रमण हेतु तैयार रहो) मेजर बोयाड ने देखा कि शिविर दूर-दूर होने के कारण एक साथ सभी शिविरों पर आक्रमण संभव नहीं है। और केवल कुछ ही शिविरों पर आक्रमण उन्हें संकट में डाल सकता है। वह इसी उधेड़बुन में था कि दूसरा सायरन (ध्वनि संकेत) बज उठा, और पलक झपकते ही उसने अपने सैनिकों को चारों ओर से घिरा पाया। मेजर बोयाड के सम्मुख एक बहुत ही तगड़ा हृष्ट-पुष्ट लंबी मूछें, लंबे कान व काली आंखों वाला नौजवान आ खड़ा हुआ। सुरक्षा सैनिकों को समझते देर नहीं लगी कि यही शंभुधन है। एक सुरक्षा गार्ड मेजर बोयाड की सुरक्षा हेतु जैसे ही अपनी जगह से हिला, शंभुधन ने तत्काल उसे मौत के घाट उतार दिया। मेजर बोयाड ने जैसे ही शंभुधन पर आघात करना चाहा शंभुधन ने तुरंत पैंतरा बदलते हुए पहले उसका दांया हाथ काट दिया फिर उसकी हत्या कर दी। दोनों तरफ से घात-प्रतिघात आरंभ हो चुका था। क्रांतिकारी सैनिकों का पलड़ा भारी देख सोपीट ने गोली चलाने का आदेश दे दिया। लेकिन युद्ध कला में प्रवीण शंभुधन के सैनिकों के सामने अंग्रेज सैनिक कुछ ही क्षणों में भाग खड़े हुए। इस टक्कर में अंग्रेजों की भारी जन हानि हुई।

इस विजय के पश्चात् समस्त कछार क्षेत्र में शंभुधन को 'वीर शंभुधन फुंगलो' के नाम से पुकारा जाने लगा। कछार क्षेत्र से अंग्रेजों का सफाया करने के बाद शंभुधन ने गुजुंग क्षेत्र पर आक्रमण कर इसे भी अंग्रेजों से मुक्त करा लिया। इन दोनों क्षेत्रों को मुक्त कराने के बाद कछार के समतल क्षेत्रों को भी शंभुधन ने मुक्त कराने का बीड़ा उठाया। समतल क्षेत्रों में भी उसने युवाओं का संगठन तैयार कर प्रशिक्षण केंद्र स्थापित कर दिए। वह शिव भक्त था अतः अपने प्रशिक्षण केंद्र मंदिरों में ही बनाता था। मैदानी भागों में उसके प्रमुख प्रशिक्षण केंद्र इस प्रकार थे-- बराक नदी के किनारे सिद्धेश्वर मंदिर, हारंगाजाओ की शिवबाड़ी, काराकारी की शिवबाड़ी, हाईला कांदी का देवी मंदिर, सोनाई के निकट चंदागिरि का शिव मंदिर, धौलाई सदग्राम की कालीबाड़ी आदि। शंभुधन

ने अब हथियारों के निर्माण का कार्य भी आरंभ कर दिया। 1882 ई. में शंभुधन ने डिमासा कछारी राज्य की अंतिम राजधानी खासपुर को अंग्रेजों से मुक्त कराने के लिए इसी स्थान को अपनी गतिविधियों का केंद्र बना लिया। वह इस क्षेत्र में इग्रालिंग में अपनी पत्नी नासादी के साथ वेष बदल कर रहने लगा।

अंग्रेज कंपनी की राज्य विस्तार लिप्सा में शंभुधन सबसे बड़ी बाधा था। गुप्तचरों के माध्यम से सूचना मिलने पर ब्रिटिश सैनिकों ने इग्रालिंग में उसके घर को चारों ओर से घेर लिया। उस समय शंभुधन भोजन कर रहा था। वह बचने के लिए मकान के पीछे के रास्ते से भाग लिया। लेकिन चारों ओर भारी संख्या में सशस्त्र सैनिक छाए हुए थे। वह घिर गया। पारंपरिक श्रोतों से उपलब्ध जानकारी के अनुसार संभवतः 13 जनवरी, 1834 को वीर शत्रुघन फुंगलो ब्रिटिश सैनिकों से अकेला ही जूझता हुआ वीरगति को प्राप्त हो गया। आश्चर्य है कि भारत माता के इस महान सपूत की वीर गाथा इतिहास के पन्नों में खोजने से भी शायद ही उपलब्ध हो।

शहीद कुशल कोवंर

सन् उन्नीस सौ उन्नीस, जून का महीना। असम में गोलाघाट जिले के एक सरकारी विद्यालय का छात्र विद्यालय की छुट्टी के बाद जंगल के वृक्षों की शीतल छाया में बैठा बांसुरी बजा रहा था। उसी समय एक महात्मा उधर से निकल रहे थे। बांसुरी की तान सुनकर उनके कदम एकाएक उस नौजवान की तरफ बढ़ चले। अचानक महात्मा जी को सामने खड़ा देख उस छात्र की बांसुरी की ध्वनि थम गई और वह मूक दृष्टि से उनकी ओर देखने लगा और उनके मुख से जो निकला उसे बड़े ध्यान से सुनने लगा--

"बच्चा! बड़ी अच्छी बांसुरी बजा लेते हो! लेकिन बेटे आज देश की स्थिति इतनी विस्फोटक हो चुकी है कि अब समय 'चैन की बंसी' बजाने का नहीं कुछ करने का है। क्या तुम्हें नहीं मालूम कि अभी कुछ ही दिनों पहले बैसाखी के पर्व पर अमृतसर के जलियांवाले बाग में 2000 निर्दोष स्त्री, पुरुष व बच्चों

को गोलियों से भून दिया गया। उस फिरंगी सरकार के सामने हम लोगों की जान की कोई कीमत नहीं। जानवरों और भेड़ बकरियों के बराबर भी नहीं। अतः यदि बांसुरी बजानी ही है तो इसकी स्वर लहरी में ऐसा जादू भर दो, जो भारतीयों की सोई हुई आत्मा को झकझोर दे। जिसे सुनकर आतताई शासन के विरुद्ध जनता का ज्वार हिलोरें लेने लगे। और उन हिलोरों में समाज का शोषण और उत्पीड़न विलीन हो जाए।''

महात्मा के इन शब्दों को सुनकर वह छात्र अंतर्वेदना से सिहर उठा। उसने महात्मा जी को आश्वासन दिया--

''बाबा आपने आंखें खोल दीं। मैं आपको विश्वास दिलाता हूं कि अब मेरी बांसुरी से ऐसी ही स्वर लहरी गूंजेगी। लेकिन मुझे आपसे कुछ मार्गदर्शन चाहिए।''

''जब चाह जागी है तो राह भी अपने आप निकल आएगी'' कहते हुए महात्मा जी ने अपनी राह पकड़ ली।

यह बालक था कुशल कोवंर। गोलाघाट जिले के घिलमारी मौजा के अंतर्गत चाउदाचारि आलि गांव का रहने वाला और अपने गांव से गोलाघाट एक सरकारी विद्यालय में पढ़ने आता था। महात्मा के स्वर उसके मस्तिष्क में छा गए थे। अब पढ़ने में उसका मन नहीं लगता था। इधर सन् 1920 में महात्मा गांधी ने असहयोग आंदोलन छेड़ दिया। असम में भी उसकी गूंज प्रत्यक्ष सुनी जा सकती थी। जगह-जगह विदेशी वस्तुओं के बहिष्कार हेतु धरने और प्रदर्शन होने लगे। महात्मा गांधी की प्रेरणा से गांव-गांव में नई चेतना जागी। कुशल कोवंर को साधु का अंतिम वाक्य याद आया।

''जब चाह जागी है तो राह अपने आप निकल आएगी।'' अब कुशल कोवंर को अपनी राह स्पष्ट दिखाई दे रही थी। स्कूल की पढ़ाई छोड़ वह वापस अपने गांव लौट पड़ा और कांग्रेस का सक्रिय सदस्य बन गया। धीरे-धीरे अपने मधुर व्यवहार, कर्मठता एवं कर्तव्यनिष्ठा के कारण उसने कांग्रेस में अच्छा स्थान बना लिया।

असहयोग आंदोलन के जोर पकड़ने पर देश में हलचल मची हुई थी। जगह-जगह जुलूस, गिरफ्तारियां व लाठीचार्ज का माहौल बना हुआ था। इस आंदोलन की मुख्य बात यह थी कि लोगों के मन से जेल जाने का भय निकल चुका था। लोग देश के लिए जेल जाना गौरव की बात समझने लगे थे। चौरीचौरा

की हिंसक घटना के कारण गांधी जी ने अचानक असहयोग आंदोलन वापस ले लिया। इस निर्णय से दुखी होकर अनेक युवकों ने कांग्रेस छोड़कर क्रांति की राह पकड़ ली। लेकिन कुशल कोवंर ने अब भी अपनी निष्ठा कांग्रेस के साथ बनाए रखी। कांग्रेस द्वारा चलाए जा रहे आंदोलनों में वह सबसे आगे होते थे। नमक आंदोलन के समय उन्होंने अपने भोजन में नमक लेना ही बंद कर दिया।

1934 ई. में महात्मा गांधी गोलाघाट पधारे तो कुशल कोवंर ने उनसे भेंट कर उनके जीवन की प्रेरणादायक दिनचर्या को स्वयं भी अपना लिया। तभी से उन्होंने नियमित गीता पाठ, गरीबों की सेवा, सीमित आहार, छुआछूत-त्याग और गांव-गांव जाकर कांग्रेस के संगठन को मजबूत करने जैसे कार्यों को अपने जीवन का नियमित अंग बना लिया और जीवन भर इसे निभाते रहे।

सन् 1942 ई. में 'भारत छोड़ो आंदोलन' की जन-क्रांति के समय सारे देश में उथल-पुथल मची हुई थी। जगह-जगह अंग्रेजी भवनों पर तिरंगा लहराने की होड़ लगी थी। असम के कनकलता बरुआ और मुकुंद काबता आंदोलन में अपने प्राणों की आहुति दे चुके थे। आंदोलन को दबाने के लिए निहत्थे लोगों पर गोलियों की वर्षा की जा रही थी। शांतिपूर्ण आंदोलन ने हिंसा का रूप ले लिया था। कुशल कोवंर अब भी अपने कार्यकर्त्ताओं को हिंसक कार्यों से अलग रहने का उपदेश दे रहे थे। इस समय कुशल कोवंर सरुपथार कांग्रेस के अध्यक्ष थे।

ब्रिटिश सरकार के अंग्रेज अधिकारियों, फौज व गोला-बारूद से भरी एक ट्रेन को कुछ क्रांतिवीरों ने पलट दिया। उसमें लगभग एक हजार सेना के जवान मारे गए। सरकार ने अंधाधुंध गिरफ्तारियां करनी आरंभ कर दीं। जिन लोगों ने ट्रेन को पलटा था उन क्रांतिवीरों को तो सरकार न पकड़ सकी, परंतु बेगुनाह लोगों को पकड़-पकड़ कर जेलों में ठूंस रही थी। तभी कुशल कोवंर की माता श्रीमती कनकेश्वरी एवं पिता श्री सोना राम ने उन्हें भूमिगत होने की सलाह दी, लेकिन इसे उन्होंने अपने स्वाभिमान के प्रतिकूल समझा। जब उनके शुभचिंतकों ने उन पर बहुत जोर दिया तो वह बोले--

"मैं अहिंसा में विश्वास रखता हूं। मुझे ईश्वर पर पूरा भरोसा है। सत्य की सदा विजय होती है। इसी विश्वास से मैं अपना कर्त्तव्यपालन कर रहा हूं। फिर मुझे छिपने की क्या आवश्यकता है?"

लेकिन यहां सत्य हार गया। निरपराध होते हुए भी कुशल कोवंर को 13 नवंबर को गिरफ्तार कर लिया गया। जेल में वह *गीता* का नियमित पाठ करते थे। कैदियों को भी *गीता* का उपदेश देते थे। उनका मूल वाक्य था--

"हिंसा और ध्वंसमूलक कार्यों से अहिंसा का पुजारी सदैव दूर ही रहता है।"

मुकद्दमे के दौरान अपने बयानों में कुशल कोवंर ने यह बात कई बार दोहराई कि वह अहिंसा में विश्वास रखते हैं, रेल दुर्घटना से उनका कोई लेना-देना नहीं है। इतनी बड़ी दुर्घटना और अपराधी का पता ही न चले यह पुलिस के लिए बड़ी शर्म की बात थी। अपराधियों को सजा दिलाने के लिए ऊपर से पुलिस पर दबाव बढ़ रहा था। हेम्फ्रे साहब ने ब्रिटिश अधिकारियों को संतुष्ट करने के लिए झूठ का सहारा लिया और पुलिस ने झूठे गवाह तैयार करके कुशल कोवंर को फंसा दिया। उन्हें फांसी की सजा घोषित कर अन्य सभी अभियुक्तों को बरी कर दिया गया।

फांसी वाले दिन जब संतरी उन्हें कोठरी से लेने पहुंचा तो वह *गीता* के पाठ में मग्न थे। संतरी को देखते ही वह बोले--

"अच्छा मेरा बुलावा आ गया। तो मैं भी पूरी तरह तैयार हूं।" वह संतरी के साथ चल दिए। मार्ग में वह नीचे झुके और धरती से कुछ मिट्टी उठा ली। संतरी जिज्ञासावश पूछ बैठा--

"क्या उठाया?"

कुशल कोवंर ने मुट्ठी खोल कर दिखा दी-- "यह देखो मिट्टी है।"

संतरी चौंका-- "क्या?... मिट्टी?"

"हां मिट्टी, मेरी धरती मां! हमारी संस्कृति में जब प्राणी का अंतिम समय आता है तो उसे शैया से उतार कर धरती पर रख देते हैं जिससे कि प्राण छूटते समय धरती माता से उसका संपर्क बना रहे। फांसी के फंदे पर झूलते समय मिट्टी हाथ में होने से मेरा संपर्क धरती मां से बना रहेगा।"

जीवन भर अहिंसा का पालन करने वाले कुशल कोवंर ने ब्रिटिश क्रूरता का शिकार होकर सहर्ष फांसी का फंदा चूम लिया। 14 जून, 1943 को उन्हें फांसी पर लटका दिया गया। फांसी पर चढ़ने से पूर्व उन्होंने कहा--

"देश के लिए बलिदान होने का ईश्वर ने मुझे अवसर प्रदान किया। आत्मा तो अमर है। एक दिन तो इस शरीर ने साथ छोड़ना ही था, यदि कौम की खातिर शरीर छोड़ना पड़े तो यह मेरे लिए बड़े गौरव की बात है। अतः फांसी पर चढ़ने का मुझे कोई खेद नहीं है।"

कुशल कोवंर की फांसी के बाद असली अपराधी भी पकड़े गए। जिन्हें स्वतंत्रता प्राप्ति के पश्चात् जेल से रिहा किया गया।

तिलका डेकाह

सन् 1942 के 'भारत छोड़ो आंदोलन' ने जनक्रांति का रूप ले लिया। बिहार, उड़ीसा, पूर्वी उत्तर प्रदेश, बंगाल के कुछ हिस्सों, कर्नाटक और महाराष्ट्र आदि राज्यों में क्रांति की विकराल लपटें उठ रही थीं। अपने कंधे से ब्रिटिश दासता का जुआ उतार फेंकने के लिए इस क्रांति ने लोगों को जुनून की हद तक पहुंचा दिया था। क्रांति पर काबू पाने के लिए ब्रिटिश सेना की 57 बटालियनें अंधाधुंध लूटपाट और गांवों मे आग लगाने पर लगी हुई थीं। धीरे-धीरे क्रांति के समाचार असम के दूरदराज के गांवों व अंचलों में भी पहुंच रहे थे।

असम के नौगांव जिले में मुख्य मार्ग से केवल 3 या 4 किलोमीटर की दूरी पर बराजपुजिया (बेकजिया) गांव की घनी बस्ती थी। इस गांव के लोगों में एक ही बात की चर्चा थी-- ''आर-पार की लड़ाई छिड़ चुकी है। कभी भी किसी भी समय ब्रिटिश सेना गांव में आकर मार-काट मचा सकती है।'' इसी भय के कारण लोगों की रातों की नींद उड़ चुकी थी।

17 अगस्त की रात थी। रात्रि का प्रथम पहर बीत जाने पर भी लोगों की आंखों में नींद नहीं थी। आकाश में घुमड़ते बादल और बिजली की चकाचौंध वातावरण को और भी भयभीत बना रही थी। ऐसे ही वातावरण में गांव की 'अमन सेना' के युवकों का एक दल गुप्त रूप से अपनी भावी योजना पर विचार कर रहा था। अमन सेनानायक का स्वर था-- ''साथियो! मैं आज ही नौगांव से लौटा हूं। नया समाचार यह है कि कांग्रेस ने 'अंग्रेजो भारत छोड़ो' आंदोलन की घोषणा कर दी है। महात्मा गांधी का जनता के नाम संदेश है-- 'करो या मरो'। अतः सारे देश में नेताओं को गिरफ्तार करके जेलों में ठूंस दिया गया है। आंदोलन की बागडोर आम जनता और छात्रों ने संभाल ली है। अनेक शहरों में पुलिस बल से जूझते लोग कुर्बानी दे रहे हैं। आंदोलन को दबाने के लिए सरकार का

दमन-चक्र तेजी से घूम रहा है। ब्रिटिश सेना गांवों को लूट रही है और आग लगा रही है। अतः हमें अपनी सुरक्षा के लिए स्वयं ही पुख्ता इंतजाम करना होगा।''

नायक ने गांव की सुरक्षा की पूरी योजना युवा कार्यकर्त्ताओं के आगे रखी। तदनुसार गांव के अंदर प्रवेश के रास्तों पर 24 घंटे का पहरा बैठा दिया गया। प्रत्येक नाके पर बदल-बदल कर कार्यकर्त्ता पहरा देने लगे। इन पहरेदारों के पास एक तुरही (जोर से ध्वनित होने वाला बाजा) होती थी। सभी को यह निर्देश था कि यदि किसी भी प्रकार के संकट का आभास हो अंग्रेज सैनिक या पुलिस गांव में प्रवेश करे तो तुरही बजा कर गांव वालों को संकेत दे दिया जाए। गांव वालों को यह भी निर्देश था कि संकट की ध्वनि सुनते ही गांव के लोग अपने-अपने हथियार लेकर नाके पर इकट्ठा हो जाएं।

20 अगस्त की रात्रि को एक नाके पर 18 वर्षीय युवा तिलका डेकाह तैनात था। तिलका को कुछ सैनिकों के आने आहट सुनाई दी। थोड़ी देर में एक फौजी टुकड़ी नाके के निकट आ पहुंची। तिलका ने तुरंत तुरही को मुंह पर लगा कर फूंका। वह तुरही फूंक ही रहा था कि एक सैनिक ने उसे अपनी लात से ठोकर मार कर गिरा दिया और उसके सीने पर बंदूक रख कर बोला--

''खबरदार! अब अगर यह बाजा बजाया तो सीने से गोली पार कर दूंगा।''

तिलका मौन ही रहा। उसने सोचा 'यह मुझे मार ही तो देगा। लेकिन गांव वालों को सूचना पहुंच गई तो बहुत लोगों की हत्या होने से बच जाएगी। मेरा कर्त्तव्य है गांव वालों को सूचना देना। मैं कर्त्तव्य पालन अवश्य करूंगा।' यह सोचते हुए और मौत की परवाह न करते हुए उसने पूरी ताकत से तुरही को फूंका और तुरही बज उठी। आदेश न मानने पर सैनिक ने तिलका के सीने को गोलियों से छेद दिया। अपने कर्त्तव्य का पालन करते हुए मातृवेदी के चरणों में एक पुष्प भेंट हो गया।

तिलका द्वारा ध्वनित तुरही का स्वर आकाश मंडल में इतनी जोर से गूंजा कि संकेत मिलते ही गांव के लोग हथियारों के साथ नाके पर आ पहुंचे। उन्होंने देखा कि तिलका अपने कर्त्तव्य का पालन करते हुए वीरगति प्राप्त कर चुका है और उसका शव सैनिकों के कब्जे में है। गांव के लोगों ने शव लेना चाहा तो एक सैनिक ने बंदूक तानते हुए उन्हें रोक दिया। अधिकारी बोला--

"खबरदार! यदि किसी ने भी शव को हाथ लगाया तो सबको भून कर रख दिया जाएगा।"

तिलका के पिता मनीराम डेकाह पुत्रशोक की पीड़ा के बाद भी धैर्य रखे हुए थे। अधिकारी द्वारा शव न दिए जाने की चेतावनी से उनका धैर्य टूट गया हृदय प्रतिशोध की ज्वाला से धधक उठा। मनी राम ने ललकारा--

"खून की नदी ही क्यों न बह जाए हम शव को लेकर ही रहेंगे।"--

इसके साथ ही उसने गांव वालों को नारे के साथ संकेत दिया-- "वंदे मातरम..." और सारा गांव एक साथ सेना के जवानों पर टूट पड़ा। सेना ने भी गोलियां चलाईं। दो लोग मारे गए लेकिन तिलका के शव को ले जाने में कामयाब हो गए। सेना को आभास हो गया था कि गांव के लोगों की संख्या अधिक है वह उन्हें जिंदा नहीं छोड़ेंगे। अतः उन्हें जान बचाकर भागना पड़ा।

सेना उस समय तो वापस लौट गई। लेकिन बाद में उस गांव के तीन सौ लोगों को गिरफ्तार कर जेलों में ठूंस दिया। विरोध करने पर शांति सेना के एक कार्यकर्त्ता को अग्नि की ज्वाला में झोंक कर उसकी हत्या कर दी।

वीर टिकेंद्रजीत सिंह और जनरल थंगल

सन् 1891, फरवरी का महीना, मणिपुर के जंगलों के झुरमुट में छिपी एक छोटी-सी बस्ती। प्रातःकाल का समय। सूर्य देवता अपनी लालिमा से प्रकृति के वातावरण को सुरम्य बना रहे थे। कुछ लोग जंगल में एक खड्ड की ओर दौड़े जा रहे थे तो कुछ खड्ड से बस्ती की ओर लौट रहे थे। लौटने वाले कह रहे थे 'सुरतो का शव अर्द्धनग्नावस्था में खड्ड के पास पड़ा है।' इस समाचार से खड्ड की ओर जाने वालों के मन में जिज्ञासा एवं कौतूहल की भावना का वेग और प्रबल होता जा रहा था।

सुरतो प्रायः जंगल में लकड़ी इकट्ठा करने जाया करती थी और संध्या समय वापस आ जाती थी। लेकिन उस दिन वह देर रात तक नहीं लौटी। लोग तरह-तरह की बातें बना रहे थे। कोई कह रहा था-- "कोई जानवर उठा ले गया होगा।" तो दूसरा कहता-- "नहीं! नहीं! कोई जानवर नहीं अंग्रेज होगा।"

आए दिन अंग्रेजों द्वारा जंगल में युवतियों के साथ छेड़छाड़ व बलात्कार की घटनाएं होती रहती थीं। लेकिन इस बार की घटना तो ऐसी थी जिस पर हैवानियत भी शर्मा रही थी। जंगल से कोई घुड़सवार सुरतो को उठा ले गया था। सुरतो के शरीर के जख्म बता रहे थे कि उसने मरते दम तक संघर्ष किया था।

इस घटना ने मणिपुर की जनता के सब्र का बांध तोड़ दिया। अब तक मणिपुर की जनता प्राकृतिक संपदा का निर्विघ्न रूप से उपयोग करती आई थी। अब न प्राकृतिक संपदा सुरक्षित थी न लोगों की मान, मर्यादा और इज्जत। इस घटना की सूचना नायकों ने युवराज टिकेंद्रजीत सिंह तक पहुंचा दी। युवराज ने तुरंत अपने सहयोगियों को बुलाकर मंत्रणा की और कहा--

"मेरे बहादुर मित्रो, आपको याद होगा कि 1878 में अंग्रेजों को नागा युद्ध में मैंने उनकी सहायता ही नहीं बल्कि नागाओं से उनके बीबी व बच्चों की भी जानें बचाई थीं। 1885 में बर्माधिपति 'थिबो' से भी मैंने ही उन्हें बचाया था। लेकिन 1886 में जब शत्रु से अपनी रक्षा की खातिर मैंने उनसे सहायता मांगी तो उन्होंने स्पष्ट इंकार कर दिया। लेकिन उनकी सहायता के बिना ही आप सभी के सहयोग से मैंने अपने शत्रु को पछाड़ दिया। तभी से अंग्रेज हमारी शक्ति से भयभीत होकर हमारी सत्ता पर आंख गड़ाए बैठा है। और आज तो अंग्रेज ने हमारी इज्जत पर हाथ डाला है। उसने एक मासूम अबला के साथ बलात्कार ही नहीं किया वरन् उसे घायल करके निर्वस्त्र जंगल में पटक गया। हम चुप बैठ कर यह खेल कब तक देखते रहेंगे? आप लोगों का क्या मत है?"

जनरल थंगल पहले ही कुछ कहने को उतावले थे। वह बोल पड़े--

"युवराज आज अंग्रेज की इतनी हिम्मत इसलिए हुई क्योंकि मणिपुर का शासन गृह-कलह में उलझा है। वह हमारी इसी कमजोरी का लाभ उठाकर हमारे राज्य को ही हड़प लेना चाहता है। तभी तो उन्होंने महाराज कुलचंद्र को मणिपुर का शासक मानने के लिए आपको राज्य से निर्वासित करने की शर्त रखी है। वह आपके साहस और शौर्य से परिचित है।

युवराज! आज तो अंग्रेजों ने अपनी सीमा ही लांघ दी है। यह घटना तो हमारे लिए सीधी चुनौती है। और यह चुनौती हमें स्वीकार है। मणिपुर का बच्चा-बच्चा अपनी मान-मर्यादा की रक्षा की खातिर मर-मिटने को तैयार है। हम

सबको आपके नेतृत्व में विश्वास है। देश की पावन माटी को अंग्रेजों के पंजों से मुक्त कराने हेतु हम सब शरीर में रक्त की अंतिम बूंद तक संघर्ष करते रहेंगे।''

मणिपुर के पूर्व शासक चंद्रकीर्ति ने आठ विवाह किए थे। पहली रानी से चार पुत्र हुए। शूरचंद्र सिंह, केसरजीत सिंह, भैरवजीत सिंह और पद्मलोचन सिंह। दूसरी रानी से दो और तीसरी रानी से टिकेंद्रजीत सिंह। चंद्रकीर्ति के बाद सबसे बड़े पुत्र शूरचंद्र सिंह राजा बने। लेकिन गृह-कलह के कारण उन्हें राज्य त्यागना पड़ा और उनके सौतेले भाई कुलचंद्र ने शासन संभाला। महाराज कुलचंद्र ने टिकेंद्रजीत सिंह को युवराज और सेनानायक घोषित किया। टिकेंद्रजीत सिंह का जन्म पच्चीस दिसंबर 1858 को इंफाल में हुआ था। उन्होंने अनेक युद्धों में भाग लिया था। अपने अपूर्व शौर्य से सदैव सफलता प्राप्त की थी। अतः अंग्रेज अधिकारी टिकेंद्रजीत सिंह को अपने मार्ग से हटाना चाहते थे। जनरल थंगल एक वृद्ध एवं मणिपुर के सम्मानित पूर्व सेनानायक थे। जनरल थंगल द्वारा प्रेरित किए जाने के बाद टिकेंद्रजीत सिंह ने अंग्रेजों के विरुद्ध सशस्त्र क्रांति का मन बना लिया। भावी युद्ध की तैयारियां होने लगीं। लोगों को छोटे-छोटे समूहों में बांटकर छापामार टोलियां बना दी गईं। गुप्तचर व्यवस्था को सुदृढ़ किया गया।

युवराज टिकेंद्रजीत सिंह द्वारा की जा रही तैयारियों की सूचना अंग्रेज अधिकारियों को मिल गई। अतः तत्कालीन वायसराय लार्ड लेंसडाउन ने चीफ कमिश्नर क्रिण्टन को एक आदेश भेजा जिसका सार था--

''टिकेंद्रजीत सिंह को चालाकी से गिरफ्तार करने का प्रयत्न किया जाए। उसने अभी तक जितने भी युद्धों में भाग लिया है हर युद्ध में उसने विजय हासिल की है।''

इसी बात को ध्यान में रखते हुए अधिकारियों ने कूटनीतिक चाल चलते हुए अपने यहां एक दरबार आयोजित किया। इस दरबार में टिकेंद्रजीत सिंह को विशिष्ट अतिथि के रूप में आमंत्रित किया। टिकेंद्रजीत दरबार में नहीं पहुंचे। अंग्रेजों ने दूसरी चाल चली। महाराज कुलचंद्र को एक निमंत्रण पत्र भेजा गया, ''आज रेजिडेंसी में नाच-गाना होगा। आप सबांधव पधारें।'' परंतु अंग्रेजों की चाल को समझते हुए उस नाच-गाने में मणिपुर से कोई भी सम्मिलित नहीं हुआ।

सभी कूटनीतिक चालें असफल होने के बाद क्रिण्टन एक विशाल सैनिक दस्ता लेकर, रात्रि में युवराज को गिरफ्तार करने पहुच गया। लेकिन इस सैनिक कार्यवाही का आभास होते ही टिकेंद्रजीत सिंह गुपत मार्ग द्वारा महल से निकल गए। अंग्रेजों की यह चाल भी असफल रही। अंततः अंग्रेजों ने महाराज के पास एक संधि प्रस्ताव भेजा। महाराज कुलचंद्र ने युवराज की सलाह पर संधि प्रस्ताव स्वीकार करते हुए एक शर्त रखी कि बातचीत मणिपुर महल में ही होगी।

संधि की शर्तों पर बातचीत के लिए अंग्रेजों की ओर से ग्रिमउड, क्रिण्टन, कर्नल स्कीन, सिमसन, कासिन्स ओर एक बिगुलची मणिपुर पहुंचे। मणिपुर के राजघराने में विष का बीज बोकर, गृह-कलह के कगार पर पहुंचा कर राज्य को हड़पने का षड्यंत्र अंग्रेजों ने रचा था। वह तो टिकेंद्रजीत सिंह ही था जिसने मणिपुर को सुरक्षा कवच में रखा हुआ था। इसी कारण अंग्रेज किसी भी हालत में मणिपुर से टिकेंद्रजीत सिंह को हटाना चाह रहे थे। इसी षड्यंत्र का बदला लेने के लिए मणिपुर की जनता और सेना बेचैन थी। अतः लोग उन अंग्रेजों पर टूट पड़े।

टिकेंद्रजीत सिंह ने उनकी रक्षा कर उनको सैनिक सुरक्षा में ठहरा दिया। लेकिन लोगों का क्रोध शांत न हुआ अतः जनरल थंगल के आदेश पर पांचों अंग्रेजों को मौत के घाट उतार दिया गया। इस घटना से अंग्रेज अधिकारी तिलमिला उठे। उनकी चलाई हुई तलवार उन्हीं के ऊपर गिर पड़ी। अब उन्होंने आर-पार की लड़ाई का निश्चय कर लिया। निम्न घोषणा छपवा कर दीवारों और वृक्षों पर चिपका दी गई--

''महाराज कुलचंद्र अब मणिपुर के राजा नहीं हैं। जो कोई भी महाराज कुलचंद्र, युवराज टिकेंद्रजीत सिंह और जनरल थंगल आदि को युद्ध में परास्त करने या पकड़वाने हेतु गुप्त सूचनाएं हमें देगा। उसे हजारों रुपये इनाम व अन्य पुरस्कार दिए जाएंगे।''

इनाम के लालच में कई लोगों ने इन क्रांतिवीरों की युद्धनीति संबंधी व इनके ठिकानों की गुप्त सूचनाएं अंग्रेजों के पास पहुंचा दीं। सभी सूचनाएं एकत्र कर 1891 के मध्य में अंग्रेजों ने सिलचर, कोहिमा और तामू (म्यांम) से तीन सैनिक टुकड़ियां बुलवाकर मणिपुर पर चढ़ाई कर दी। उधर मणिपुरवासियों ने भी निर्णय

ले लिया था कि 'मातृ-भूमि की रक्षा की खातिर अब प्राणोत्सर्ग का समय आ गया है। वह अपने तन में प्राण रहते टिकेंद्रजीत सिंह पर आंच न आने देंगे।'

दोनों ओर की सेना आमने-सामने आ डटी। मणिपुर के लोगों ने आधुनिक शस्त्रास्त्रों से सुसज्जित सेना का मरते दम तक सामना किया। लेकिन एक तरफ मणिपुर जैसा छोटा-सा राज्य और दूसरी ओर विशाल ब्रिटिश साम्राज्य की सेना। परिणाम जो होना था वही हुआ। महाराज कुलचंद्र, युवराज टिकेंद्रजीत सिंह एवं जनरल थंगल को गिरफ्तार कर लिया गया। यह युद्ध इतिहास के दस्तावेजों में 'एंग्लो-मणिपुर वार-1891' के नाम से अंकित है। महाराज कुलचंद्र को आजीवन कारावास की सजा देकर पोर्ट ब्लेयर (अंडमान) जेल भेज दिया। वहीं उन्होंने अंतिम सांस ली। युवराज एवं जनरल थंगल पर न्यायालय में मुकद्दमा चल रहा था। जज महोदय ने उनसे पूछा--

तुम दोनों पर ब्रिटिश सरकार के विरुद्ध षड्यंत्र एवं अंग्रेज अधिकारियों की हत्या का अभियोग है। इस विषय में तुम्हें कुछ कहना है?

टिकेंद्रजीत सिंह ने उत्तर दिया--

''मणिपुर की जनता सदियों से स्वतंत्र जीवन का उपभोग करती आई है। मैं भी उसी जनता की एक कड़ी मात्र हूं। हमारी स्वतंत्र सत्ता का हरण करने के लिए षड्यंत्र तो ब्रिटिश सरकार ने रचा है, फिर हम पर अभियोग क्यों? यह अभियोग तो ब्रिटिश सरकार पर लगना चाहिए।''

मणिपुर की स्वतंत्र सत्ता के विरुद्ध षड्यंत्र रचने वाली अंग्रेज सरकार ने उल्टा उन्हीं दोनों पर ब्रिटिश सत्ता के विरुद्ध षड्यंत्र का अभियोग लगा कर उन्हें मृत्युदंड सुना दिया। 13 अगस्त, 1891 को इन दोनों क्रांतिवीरों ने फांसी का फंदा चूमकर अमरत्व प्राप्त कर लिया।

शहीद टिकेंद्रजीत सिंह की विधवा रानी 1930 के बाद तक वृंदावन में रही थीं। आंखों की ज्योति खोकर, आर्थिक विपन्नता की असहाय अवस्था में उन्होंने वहीं अंतिम सांस ली।

वीर टिकेंद्रजीत सिंह फांसी के बाद भी आने वाली पीढ़ी के लिए प्रेरणा के स्रोत बने रहे। इन क्रांतिवीरों की कुर्बानी से प्रेरित होकर उत्तर-पूर्वी भारत में

क्रांति की ऐसी ज्वाला भड़की जिसने ब्रिटिश साम्राज्य का अंत कर डाला। 1918 में कूकी आंदोलन, 1930 में 'निखिल मणिपुर महासभा' का गठन, नागालैंड के जदोनांग एवं रानी गिडायलू द्वारा सशस्त्र क्रांति और 1939 में चावल के निर्यात के विरोध में महिलाओं द्वारा संघर्ष की घोषणा ने सिद्ध कर दिया कि जो ज्योति वीर टिकेंद्रजीत सिंह ने प्रज्वलित की थी उसने पूर्वोत्तर भारत के जन-जन के लिए क्रांति की राह रोशन कर दी।

सुभाष चंद्र बोस के नेतृत्व में 'आजाद हिंद फौज' ने 1946 में मणिपुर में प्रथम बार स्वतंत्र भारत का परचम ही नहीं फहराया, वहां के शहीदों को श्रद्धा-सुमन अर्पित करके उस क्षेत्र की पावन माटी को समस्त भारत के लिए वंदनीय भी बना दिया।

ऊ. तिरोत सिंह

दिनांक 2 मार्च, 1829 ई.। मेघालय में नोंगख्लो के पास एक आदिवासी बस्ती। बस्ती से कुछ ही दूरी पर ईस्ट इंडिया कंपनी की सेना का स्थाई पड़ाव, जहां पर सैनिक अधिकारियों की गाड़ियों का आवागमन इस बात का संकेत दे रहा है कि आने वाले समय में कुछ घटित होने वाला है। भविष्य में घटित होने वाली घटना का आभास आदिवासियों को है। क्योंकि कई वर्षों से वह अंग्रेजों की प्रताड़ना के शिकार होते रहे हैं। अतः इस बार आदिवासी संगठित होकर अंग्रेज सेना का डटकर मुकाबला करने का निश्चय कर चुके हैं। इसी उद्देश्य से सैनिक पड़ाव (छावनी) के निकट ही दुर्गम पहाड़ियों में ऊ. तिरोत सिंह ने एक गुप्त सभा बुला रखी है। इस सभा में ऊ. तिरोत सिंह ने खासी समाज व दूरदराज क्षेत्रों की सभी जातियों, जनजातियों एवं कबीलों के मुखियाओं को बुलाया हुआ है। ऊ. तिरोत सिंह सभी को संबोधित करते हुए कहते हैं--

"हमारे क्षेत्रों की जनजातियां सदियों से प्रकृति की गोद में सुखमय जीवन व्यतीत करती रही हैं। लेकिन जब से कंपनी के लोग आए हैं, उन्होंने हमारे जीवन में विष घोल दिया है। हमारी जमीनें छीन ली जाती हैं। हम दुर्गम पहाड़ों पर जंगलों को साफ करके जमीन को रहने एवं कृषि योग्य बनाते हैं तो अंग्रेज शक्ति के बल पर पुनः उस पर अपना अधिकार कर हमें पीछे धकेल देते हैं। यह क्रम आखिर कब तक चलेगा? हम कब तक उनके अत्याचारों का शिकार होते रहेंगे? इसका कुछ न कुछ उपाय खोजना होगा। हमें संगठित होकर इसका सामना करना होगा।"

खासी समाज का ही एक मुखिया न्हापो ऊ. शिलांग जोश में खड़ा हो गया और बोला--

"सामना नहीं! सामना तो हम पहले भी करते रहे हैं। 'आक्रमण'! हां, अब हमें आक्रमण करना होगा। जिससे कि अंग्रेज सेना अपने बचाव के प्रयासों में ही उलझी रहे। आज ब्रह्मपुत्र घाटी के सभी मुखिया यहां उपस्थित हैं। यदि आप मेरे सुझाव से सहमत हैं तो मुझे समर्थन दें।"

सभी लोग एक साथ चिल्ला उठे-- "आक्रमण! आक्रमण!"

इसके पश्चात कुछ लोगों ने अपने-अपने मत एवं सुझाव रखे। विचार-विमर्श के बाद ऊ. तिरोत सिंह ने घोषणा की--

"आज से ठीक एक महीने बाद 2 अप्रैल, 1829 को क्रांति का शंखनाद होगा। इस तिथि की सूचना सभी मुखिया अपने-अपने क्षेत्रों में लोगों तक पहुंचा दें। अपना संगठन मजबूत करके शस्त्रादि एकत्र कर लें। संग्राम हेतु आगे रहने वाले शूरवीरों की पहचान करके 'अग्रिम-दस्ता' बनाकर लोगों में जोश और आत्मविश्वास पैदा करें।"

सन् 1826 में अंग्रेज कंपनी के अधिकारियों ने ब्रह्मपुत्र घाटी के कई स्थानों पर अपना कब्जा जमा लिया था। यह दूसरी बात है कि ईस्ट इंडिया कंपनी इस क्षेत्र पर अपना पूर्ण प्रभुत्व स्थापित नहीं कर सकी। जनजातियों से उन्हें लगातार सामना करना पड़ता रहा। इस क्षेत्र की जनजातियों ने भी अंग्रेजों के आधिपत्य को कभी स्वीकार नहीं किया।

मेघालय में अंग्रेजों की विस्तारवाद की नीति का खासी समाज के ऊ. तिरोत सिंह अपने ढंग से विरोध कर रहे थे। उन्होंने अपने कबीले के कुछ साथियों को लेकर एक छोटी-सी सेना तैयार कर ली थी। इनके पास आधुनिक हथियार तो नहीं थे परंतु अपने पुराने तीर-कमान, बर्छी, भाले आदि से छापामार युद्धनीति अपनाकर अंग्रेजों के शस्त्रागारों पर लुक-छिपकर पहुंच जाते और उनमें आग लगा देते थे। जंगलों में स्थान-स्थान पर खाईयां खोदकर उन्हें पत्तों से ढंककर छिपकर बैठ जाते थे। अंग्रेजों के टोही दल उधर से निकलते हुए खंदकों में फंस जाते तो उन्हें दबोच कर उनकी हत्या कर देते थे। तिरोत ने सोचा कि इस प्रकार की छिटपुट घटनाओं से अंग्रेजों को यहां से नहीं भगाया जा सकता।

अंग्रेजों से मुक्ति पाने का एक ही मार्ग है कि ब्रह्मपुत्र घाटी का हर व्यक्ति हथियार उठाकर संगठित हो संघर्ष पर उतारू हो जाए। इसी कारण ऊ. तिरोत सिंह ने इस क्षेत्र के सभी मुखियाओं को इकट्ठा कर संघर्ष का आह्वान किया।

ऊ. तिरोत सिंह द्वारा समस्त इलाके में निश्चित तिथि को आरंभ होने वाले संघर्ष की सूचना पहुंचा दी गई। ठीक 2 अप्रैल को सूर्योदय के तुरंत बाद नोंगख्लो की छावनी पर आक्रमण कर उसे लूट लिया गया। अनेक अंग्रेज अधिकारी मौत के घाट उतार दिए गए। विशाल जनसमूह के आगे अंग्रेजों के शस्त्रास्त्र कुछ न कर सके। फिर भी इस संघर्ष में सैकड़ों लोगों को अपने प्राणों की आहुति देनी पड़ी।

तीर कमान आदि के सहारे विशाल जनसमूह आधुनिक शस्त्रास्त्रों से सुसज्जित सेना का भला कब तक सामना करता? अंततः ऊ. तिरोत सिंह के सेनानियों को अपने बचाव हेतु पीछे हटना पड़ा। विभिन्न समुदायों के मुखियाओं ने विभिन्न स्थानों से इस संघर्ष में भाग लिया। उसका विवरण इस प्रकार है--

राम ब्राई से जम बोर, शिलांग से बोर मनिक, मईरो से ऊ. लार, न्हापो से ऊ. शिलांग, महाराम से ऊ. राम सिंह। इन योद्धाओं की मोलोंग नान गबरी, नोनग्रमई, मायरंग एवं शिलांग आदि स्थलों पर अंग्रेजों से आमने-सामने टक्कर हुई। इन योद्धाओं ने अनेक अंग्रेजों को मौत के घाट उतार दिया। अंग्रेजों की सेना से आमने-सामने युद्ध में अपनी भारी जन-हानि देख ऊ. तिरोत सिंह ने भविष्य में तीर-कमानों तथा बर्छी-भालों आदि से छापामार युद्ध करना एवं प्रहार करके भाग लेना ही अपनी रणनीति बना ली।

एक बार अंग्रेज सेना पर प्रहार करने हेतु तिरोत सिंह जंगल में छिपे हुए थे। किसी गुप्तचर ने उनके छिपने के स्थान के बारे में अंग्रेज अधिकारियों को सूचना दे दी। अंग्रेज सेना ने उन्हें चारों ओर से घेर लिया। लेकिन तिरोत सिंह के साथियों ने अपने ऊपर प्रहार सहते हुए तिरोत सिंह को सुरक्षित बाहर निकाल दिया। इस मुठभेड़ में तिरोत सिंह के अनेक साथी शहीद हो गए। अंत में 13 जनवरी, 1833 को कैप्टन एच इंग्लिस चालाकी से उन्हें गिरफ्तार करने में सफल हो गया। तिरोत सिंह को गिरफ्तार करके ढाका की जेल में बंद कर दिया। इनकी गिरफ्तारी के बाद भी खासी समाज का दस वर्षों तक अंग्रेजों से युद्ध चलता रहा।

जीवन भर अंग्रेजों से संघर्ष करते-करते ऊ. तिरोत सिंह का शरीर जर्जर हो चुका था। जेल की प्रताड़नाओं को उनका शरीर न सह सका और जनवरी 1834 में भारत मां के इस सच्चे सपूत ने ढाका जेल में ही अंतिम सांस ली।

बिरसा मुंडा

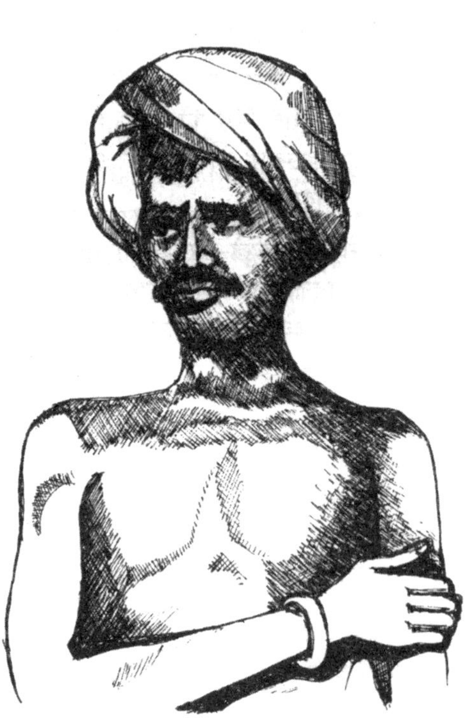

झारखंड के छोटा नागपुर आदिवासी क्षेत्र में तमाड़ परगने का गेरेडा (गड़ेरिया) उलीहातु गांव। इस गांव का एक नौजवान सर पर पगड़ी बांधे एक बस्ती से दूसरी बस्ती प्रायः चक्कर लगाता रहता। वहां के युवकों से गुप-चुप बातें करता और अगले गांव को चल देता। किसी को आभास तक नहीं था कि वह क्या बातें करता है और उसकी मंजिल क्या है? किसी को पता नहीं था कि वही युवक उन्हें अंग्रेजों के चंगुल से मुक्त कराने हेतु एक नई क्रांति को जन्म देकर, स्वतंत्रता संग्राम के इतिहास में एक नया अध्याय जोड़ने जा रहा है।

इस युवक का नाम था बिरसा। इसकी जाति थी मुंडा। बिरसा मुंडा बचपन से ही ईश्वर की आराधना में अधिक विश्वास रखने लगा था और प्रायः कई-कई घंटे जंगल में ईश्वर के ध्यान में मग्न रहता था। इस अराधना से उसे कुछ आध्यात्मिक शक्ति प्राप्त हो गई थी। उसके मुख से निकली बात प्रायः सच हो जाया करती। वह यदि किसी बीमार के सर पर हाथ रख देता तो उसकी असाध्य बीमारी भी दूर हो जाती। अतः लोग उसे बिरसा भगवान के नाम से भी पुकारने लगे।

बिरसा ने छोटा नागपुर से सिंहभूम तक के सभी क्षेत्रों में घूमते समय भोले-भाले आदिवासियों को क्रूर ब्रिटिश शासकों के पंजों तले कुचलते देखा था। उसने अपने ही परिवार के लोगों की जमीन छिनते और गरीबी के कारण लोगों को ईसाई बनते देखा था। उसने भोली-भाली युवतियों को महाजनों के दलालों द्वारा बस्ती से उठा कर ले जाते देखा था। इस अत्याचार और अनाचार से उसकी आत्मा चीत्कार उठी थी। तभी एक दिन बिरसा मुंडा के कुल देवता सिंह बोंगा उसके स्वप्न में प्रकट हुए और उन्होंने बिरसा को आदेश दिया।

"उठो! जागो! इस आततायी शासन का अंत कर दो। तुम्हारा जन्म ही इसीलिए हुआ है। मैं तुम्हें आशीर्वाद देता हूं। तुम्हें अवश्य सफलता मिलेगी।"

उसने ब्रिटिश शासन का अंत करने का बीड़ा उठा लिया था। विभिन्न क्षेत्रों में घूम-घूम कर उसने युवा आदिवासियों का एक संगठन खड़ा कर लिया।

उन्नीसवीं सदी का अंतिम दशक सन् 1895। रात्रि के बारह बजे थे। आकाश में काली घटाएं छाई हुई थीं। उलीहातु गांव के पास वृक्षों के झुरमुट में बिरसा ने एक गुप्त सभा का आयोजन किया। इस सभा में विविध क्षेत्रों से कुछ चुने हुए समर्पित धीरज मुंडा, सोंबराई, नरसिंह मुंडा, संद मुंडा, मलका मुंडा कार्यकर्त्ता बुलाए गए थे। कार्यकर्त्ताओं को संबोधित करते हुए बिरसा ने कहा--

"अंग्रेजों के अत्याचारों की कहानी किसी से छिपी नहीं है। इन अत्याचारों से मुक्ति पाने के लिए ही सौ वर्ष पूर्व हमारे पूर्वज तिलका मांझी ने संघर्ष करते हुए शहादत प्राप्त की थी और अभी पचास वर्ष पूर्व सिद्धू और कान्हू ने भी एक ऐतिहासिक युद्ध लड़ा था। उस समय ईस्ट इंडिया कंपनी का शासन था। उस युद्ध में 25 हजार संथालों ने अपने जीवन की आहुति देकर स्वतंत्रता की बलिवेदी

पर रक्तिम अर्घ्य चढ़ाया था। लेकिन आज कंपनी की जगह ब्रिटिश साम्राज्य ने गहरी जड़ें जमा ली हैं। अंग्रेजों की कुनीति के कारण ही भारत में अकाल से जूझते हुए लगभग तीन करोड़ व्यक्ति मौत के शिकार हो चुके हैं। आखिर यह मौत का तांडव कब तक जारी रहेगा?"

"यह तांडव अब आगे और नहीं होगा। हम अंग्रेजी शासन को घुटने टेकने पर मजबूर कर देंगे।" नरसिंह मुंडा ने जोश भरे स्वर में कहा।

लेकिन यह कार्य इतना आसान नहीं है। इस कार्य के लिए आपको पहले जनचेतना जागृत करनी होगी। अंग्रेजों के साथ जमींदारों से भी टक्कर लेनी होगी और अपने जीवन का हर क्षण इसी कार्य हेतु समर्पित करना होगा।

युवाओं की वह गुप्त मंत्रणा चल ही रही थी कि रात्रि के सन्नाटे को भंग करता हुआ वृक्षों के झुरमुट के बाहर से एक चेतना-स्वर गूंजा--

"खबरदार! आप चारों ओर से घिर चुके हैं। भागने की कोशिश की तो गोलियों से भून दिए जाओगे। अपने आप को हमारे हवाले कर दो।"

अंग्रेजी प्रशासन को गुप्तचरों से इस सभा की सूचना मिल चुकी थी। अतः दल-बल के साथ पुलिस ने वृक्षों के झुरमुट को चारों ओर से घेर लिया। बिरसा मुंडा के लिए यह अप्रत्याशित था। उनके पास आत्मसमर्पण के अतिरिक्त अन्य कोई मार्ग नहीं था। साथियों सहित बिरसा को गिरफ्तार कर लिया गया। यद्यपि उनके विरुद्ध सरकार के पास कोई पुख्ता प्रमाण नहीं था लेकिन फिर भी उन्हें जेल से दो वर्ष बाद मुक्त किया गया।

दो वर्ष के जेल के जीवन ने इन युवाओं को ब्रिटिश सत्ता के विरुद्ध संघर्ष हेतु और अधिक आत्मिक शक्ति प्रदान कर दी। इन युवाओं ने अपना तन-मन-धन सभी कुछ मुक्ति-संग्राम हेतु समर्पित करने की शपथ ली। इसके बाद सभी ने अपने-अपने क्षेत्रों में युवाओं की भर्ती आरंभ कर दी। अनेक क्षेत्रों में आदिवासियों के सैनिक-संगठनों का गठन कर दिया गया। बिरसा मुंडा ने निम्न चार मांगों को अपने संघर्ष का आधार बनाया--

(i) खुटकट्टी व्यवस्था पुनः आरंभ हो।
(ii) जनजातियों को संरक्षण प्राप्त हो।

(iii) जमीन छीनने का सिलसिला समाप्त हो।
(iv) जमींदारी समाप्त किया जाए।

क्रूरतापूर्ण दमन नीतियों को ध्यान में रखते हुए बिरसा मुंडा ने संघर्ष आरंभ करने से पूर्व जनचेतना जागृत करना आवश्यक समझा। उसने पूर्व की घटनाओं से यह सबक सीखा था। अतः उसने अपने दल के युवाओं को आदेश दिया कि वह समस्त क्षेत्रों में बिखर जाएं और अपने अधिकारों के लिए संघर्ष हेतु लोगों को तैयार करें। धीरे-धीरे कुछ ही वर्षों में इस आंदोलन ने रांची और सिंहभूम जिलों के पहाड़ी क्षेत्रों में अपनी जड़ें जमा लीं। लोगों में ब्रिटिश शासन के विरुद्ध भारी रोष व्याप्त हो गया। जगह-जगह जमींदारों से किसान उलझ पड़ते थे। कई स्थानों पर किसानों ने जमींदारों को इलाका छोड़कर भागने पर विवश कर दिया। तभी तो 1895 में बंगाल के लेफ्टिनेंट गवर्नर ने शिमला में बैठी सरकार को तार भेज कर सचेत किया कि--

"छोटा नागपुर में व्यवस्था बारूद के ढेर पर बैठी है। छोटी-सी चिंगारी भी भारी विस्फोट कर सकती है।"

और यह विस्फोट आखिर 1900 ई. में हो ही गया। बिरसा मुंडा ने ब्रिटिश सत्ता के विरुद्ध घोषणा कर दी--

"शोषण के विरुद्ध अपने अधिकारों के लिए हमने शांतिपूर्वक संघर्ष आरंभ किया था लेकिन सरकार ने इसे हमारी कमजोरी समझा। अतः आज हम ब्रिटिश शासन तंत्र के विरुद्ध घोषणा करते हैं कि भविष्य में हम उनके किसी भी कानून को नहीं मानेंगे।"

बिरसा मुंडा ने यह घोषणा सरकारी अधिकारियों और महाजनों के पास भी भिजवा दी। इस घोषणा से सरकारी तंत्र के कान खड़े हुए। तत्कालीन रांची के उपायुक्त ने आदेश दिया--

"समस्त मुंडा सेल रकब के पास पहुंच कर आत्मसमर्पण कर दें।"

उक्त आदेश के खिलाफ बिरसा मुंडा ने जवाब भेजा जो उनकी भाषा में इस प्रकार था--

"ओ गोरी चमड़ी वाले विलायती बंदरो! तुम्हारा हमारे देश में क्या काम? छोटा नागपुर सदियों से हमारा है, तुम इसे आजाद छोड़कर अपने देश लौट जाओ।"

यह घोषणा भी अगस्त 1942 के 'अंग्रेजों भारत छोड़ो' आंदोलन जैसी ही थी। सारे देश का एवं समस्त नेताओं का समर्थन प्राप्त होने पर भी जिस घोषणा को करने हेतु देश के सर्वोच्च नेता घबरा रहे थे वही घोषणा बिरसा मुंडा ने अगस्त क्रांति से 42 वर्ष पूर्व ही कर दी थी।

रांची के उपायुक्त को जब बिरसा का घोषणा पत्र मिला तो वह क्रोध से आगबबूला हो उठा। उसने शीघ्र ही भारी गोला-बारूद एवं शस्त्रास्त्र से सुसज्जित सेना इस आंदोलन को कुचलने हेतु भेज दी। डोबारी पहाड़ पर दोनों ओर की सेनाओं में भारी टकराव हुआ। बिरसा मुंडा के साथियों के पास अपने वही आदिवासी तीर-कमान, भाला, बल्लम, फरसी, गंडासा आदि हथियार थे। स्वाभाविक था कि आधुनिक शस्त्रास्त्रों से सुसज्जित सेना के सामने वह मामूली शस्त्र कहां तक टिकते। आखिर इस रक्तिम संघर्ष में 400 मुंडाओं ने वीरगति प्राप्त की। 300 मुंडाओं को गिरफ्तार कर लिया गया। अंग्रेजी सेना के चक्रव्यूह को चीरता हुआ बिरसा मुंडा अपने अंगरक्षकों के साथ बच निकला। 3 फरवरी 1900 को उसे गिरफ्तार कर लिया गया। जमींदारों और अंग्रेजों के शोषण, उत्पीड़न और अत्याचारों से लोगों को मुक्ति दिलाने वाले बिरसा मुंडा ने उन्हीं अंग्रेजों के उत्पीड़न का शिकार होकर 9 जून, 1900 को रांची जेल में दम तोड़ दिया। सरकारी सूत्रों के अनुसार उसे हैजा हो गया था ओर खून की उल्टी हुई थी। लेकिन लोग मानते हैं कि उसे विष दिया गया था।

बिरसा मुंडा ने यद्यपि अपनी कौम और देश की खातिर बलिदान दे दिया लेकिन उसके बलिदान के बाद भी मुंडा आंदोलन थमा नहीं, अपितु इसने छोटा नागपुर, पलामू, सिंहभूम, संथाल परगना, राजमहल व पाकुड़ आदि क्षेत्रों में और अधिक गहरी जड़ें जमा लीं। अतः छोटा नागपुर के तत्कालीन कमिश्नर फोबर्स ने खुटकट्टी व्यवस्था मुंडाओं के लिए देने की सिफारिश कर दी। 1902 ई. में गुमला और 1905 में खूंटी अनुमंडल का गठन कर दिया गया। जिससे कि समस्याओं को नजदीक से समझा जा सके। अंततः सरकार ने मुंडाओं की पुश्तैनी मुंडारी और खूटकट्टी व्यवस्था को मान लिया। केवल इतना ही नहीं फादर हाफमैन ने 11 नवंबर 1908 को बंगाल कास्तकारी कानून की जगह छोटा नागपुर कास्तकारी कानून लागू कर दिया। इस कानून के अनुसार उपायुक्त को

जनजातियों के संरक्षण का अधिकार दिया गया। इस अधिकार से परंपरागत जमीनों के हस्तांतरण को रोकने की जिम्मेदारी उपायुक्त के पास आ गई।

इस प्रकार मुंडा आंदोलन के कारण प्रथम बार ब्रिटिश सरकार को झुकना पड़ा। डेढ़ सौ वर्षों से चला आ रहा जमीनें छीनने का सिलसिला समाप्त हुआ और जनजातियों को संरक्षण प्राप्त हुआ। बिरसा मुंडा की पहली तीन मांगें मान ली गईं। क्या राष्ट्र बिरसा मुंडा के इस ऋण से कभी उऋण हो सकेगा?

मुंडारी लोकगीतों में बिरसा मुंडा को आज भी याद किया जाता है--

मयोम ताम दो बिरसा
बाहो रेको टिका-सुंदरी केड।
जंग ताम दो बिरसा
दिशुम होड़ो को बुलंग केड।
अबेना रीका कोदो बिरसा
दिशुम होड़ो को ताज्ज केड।।

(हे बिरसा, तेरे खून का सिर में टीका लगाया। हे बिरसा, तेरी हड्डी का परदेसी लोगों ने नमक बनाया। हे बिरसा, तेरे सत्कार्य को विदेशियों ने अपना लिया।)

सिद्धू, कान्हू, चांद और भैरव

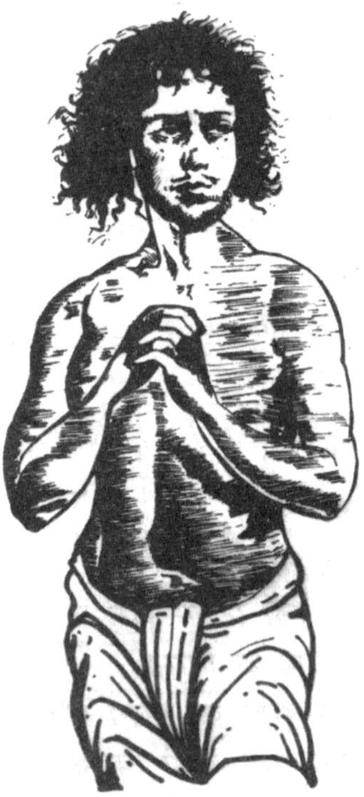

सिद्धू

झारखंड राज्य के संथाल परगना क्षेत्र का भगन डीह गांव। गांव के पास ही पर्वतों के आंचल में कल-कल ध्वनि करती हुई जलधारा के पास एक उत्सव का सा माहौल था। आदिवासी महिलाएं और पुरुष अपने ईष्ट देव चांदू वोंगा तथा ईष्ट देवी जाहेर एरा को मनाने हेतु नृत्य में मग्न थे। तभी एक महाजन के कुछ लोग घुड़सवार पुलिस के साथ आए। उन्होंने रंग में भंग तो किया ही साथ में बंदूकों के बल पर एक युवती को जबर्दस्ती उठा कर ले गए। युवती के परिजन चीखते ही रह गए।

चुनुमांझी, एक आदिवासी, जो इस अत्याचार को देख रहा था, विरोध हेतु आगे बढ़ा। हथियारों से लैस घुड़सवारों को देख विवशता की जंजीर ने उसके बढ़ते कदमों को वहीं रोक दिया। सभी आदिवासी अपनी मान-मर्यादा और अपनी लाज लुटाकर अपने-अपने डेरों की ओर चल दिए। चुनुमांझी भी अपने डेरे पर आ गया और एक टूटी-सी चारपाई पर पड़ गया। उसने कुछ खाया-पीया नहीं। वह विचारों में खो गया।

'कितनी मेहनत से हम जंगलों को साफ करके खेती लायक बनाते हैं और यह अंग्रेजों के चाटुकार-दलाल बंदूक का भय दिखा उसे हमसे छीन लेते हैं। पेट भरने के लिए हमें फिर उन्हीं दलालों से कर्ज लेना पड़ता है। एक बार का लिया हुआ कर्ज पीढ़ियों तक चुकता नहीं हो पाता। 500 प्रतिशत ब्याज, कैसे चुकता करेगा कोई? और आज...। आज जो कुछ देखा उसके बारे में पहले सुना तो कई बार था, लेकिन अब अपनी आंखों से देखा तो पता चला कि ऐसी घटनाओं के बाद गांव वालों पर और मां-बाप पर क्या बीतती होगी। हम इतने विवश क्यों हैं? हमारा इतिहास तो बड़ा गौरवशाली रहा है। तिलका मांझाी... ति... ल... का... मांझी?'

तिलका मांझी का ध्यान आते ही उसके मन में बिजली-सी कौंधती है। वह तुरंत चारपाई से उठ खड़ा होता है और तेज कदमों से कभी इधर तो, कभी उधर चहलकदमी करने लगता है, और फिर सोचने लगता है-- ''हम भी तो तिलका मांझी की ही संतान हैं। वही तिलका मांझी, जिसने अंग्रेजों की रातों की नींद और दिन का चैन छीन लिया था। अंग्रेज उसके नाम से भी घबराते थे। मैं अपने चारों पुत्रों को 'तिलका मांझी' बना दूंगा।''

सोचते-सोचते वह पुनः चारपाई पर बैठ गया और बिना कुछ खाए-पीए ही सो गया। इसके बाद चुनु मांझी ने अपने जीवन का लक्ष्य ही बना लिया 'इस देश से अंग्रेजों का सफाया।' इससे कम पर उसे संतोष नहीं था। उसने अपने चारों पुत्रों को अपने पूर्वजों की बहादुरी के प्रसंगों से अवगत कराया। युद्ध प्रशिक्षण दिया। धीरे-धीरे सिद्धू, कान्हू, चांद व भैरव चारों पुत्रों में देशभक्ति के संस्कार जागे।

उसी क्षेत्र में खेतोरी सरदार वीर सिंह भी अंग्रेजों के अत्याचारों से मुक्ति पाने के लिए छटपटा रहा था। वह भी अंग्रेजों और उनके चापलूस महाजनों के

विरुद्ध संघर्ष की रूपरेखा तैयार कर रहा था। लेकिन उसमें इतनी क्षमता नहीं थी कि वह स्वयं आगे आकर सीधी टक्कर ले सके। अतः वह नवयुवकों में जागृति लाना चाहता था। इस उद्देश्य से वीर सिंह ने आदिवासी युवकों की एक सभा का आयोजन किया। इस सभा में युवकों को ललकारते हुए बोला--

''आज निरक्षर वनवासियों और भोले-भाले लोगों पर अंग्रेजों ने अपने अत्याचारों की सीमा ही लांघ दी है। जंगल का हर वृक्ष, जंगल की हर दिशा आदिवासी युवतियों पर अत्याचार और बलात्कार की कहानी कह रहे हैं। मेहनत हम करते हैं उसका लाभ जमींदार उठाता है। हर घर कर्ज से दबा है। आखिर कब तक यह सब सहते रहोगे? कब तुम्हारा स्वाभिमान जागेगा। क्या तुममें से एक भी वीर ऐसा है जो 'संथाली हुल' (संथाल आंदोलन) का नेतृत्व कर सके?''

इतना सुनते ही सिद्धू और कान्हू दोनों भाई उठ खड़े हुए– सिद्धू बोल पड़ा–

''हां! मैं 'संथाली हुल' का नेतृत्व करूंगा। मैं आज घोषणा करता हूं कि अंग्रेजों को इस भूमि से खदेड़े बिना एक दिन भी चैन से न बैठूंगा।''

सिद्धू की इस घोषणा का सभी ने स्वागत किया। इसके बाद सिद्धू और कान्हू ने 'संथाली हुल' का नेतृत्व संभाल लिया। उन्होंने सभी क्षेत्रों का दौरा किया। जंगल भ्रमण के दौरान वह विभिन्न क्षेत्रों के कारीगर, कुम्हार, तेली, लुहार, धोबी और जुलाहे आदि सभी वर्गों के लोगों से मिले। इन लोगों के प्रतिनिधियों से गुप्त मंत्रणाएं कीं। इसके बाद 30 जून, 1855 को एक विशाल सभा के आयोजन की घोषणा कर दी गई।

30 जून, 1855 को संथाल परगने के भगन डीह गांव में लगभग दस हजार लोगों की सभा आरंभ हुई। इस सभा में खेतोली सरदार वीर सिंह, वीर भूम के रंगा ठाकुर, चुनु मांझी तथा इनके चारों पुत्र सिद्धू, कान्हू, चांद और भैरव भी उपस्थित थे। सभा में निम्न निर्णय लिए गए--

(i) आज के बाद कोई भी व्यक्ति कंपनी के हाकिमों को लगान नहीं देगा।

(ii) संथाल राज्य की घोषणा कर दी गई।

(iii) 'संथाली हुल' में इस क्षेत्र के कहार, कुम्हार, कारीगर, तेली, बढ़ई, धोबी, लुहार और जुलाहे अर्थात हर वर्ग के लोग भाग लेंगे।

(iv) इस भूमि से कंपनी शासन की समाप्ति 'संथाली हुल' का लक्ष्य होगा।

(v) शाल वृक्ष की टहनी क्रांति के संदेश के रूप में एक गांव से दूसरे गांव तक घुमाई जाएगी। इस टहनी की यात्रा इस सभा के बाद ही आरंभ हो जाएगी और क्रांति हेतु कूच करने तक दिन-रात चलती रहेगी।

(vi) जुलाई के प्रथम सप्ताह में सभी क्षेत्रों में एक साथ युद्ध का नगाड़ा बजने की तीव्र ध्वनि होगी। उसे सुनते ही सभी लोग 'संथाल हुल' में शामिल होकर कोलकाता की ओर कूच करेंगे।

जुलाई के प्रथम सप्ताह में संथाल आदिवासियों की विशाल सेना ने कोलकाता की ओर कूच कर दिया। किसानों का खून चूसने वाले महाजनों, पुलिस वालों और कंपनी के सैनिकों का सफाया करती हुई यह सेना आगे ही बढ़ती रही। ड्रम इनका रणवाद्य था। तीर कमान, बर्छी, भाले, गंडासा और फरसा आदि इनके हथियार थे। महेश नाम के पुलिस ऑफीसर को मौत के घाट उतार करके ईस्ट इंडिया कंपनी के अधिकारियों का अंत करती हुई यह सेना निरंतर आगे बढ़ती रही। इस सेना को रोकने का बीड़ा मेजर व्यूरो ने उठाया। यद्यपि वह आधुनिक हथियारों से सुसज्जित सेना लेकर मैदान में उतरा था लेकिन 5 घंटे के लगातार खूनी संघर्ष के बाद मेजर व्यूरो को भाग कर अपनी जान बचानी पड़ी। उसके अनेक सैनिक मारे गए।

आदिवासी सेनानायकों को पता चला कि भारी संख्या में अंग्रेज सैनिकों ने पाकुड़ के किले में शरण ली हुई है। पता चलते ही सिद्धू और कान्हू ने 12 जुलाई को किले पर धावा बोल दिया और उसमें छिपे सभी अंग्रेज सैनिकों का सफाया कर दिया। मुर्शिदाबाद से लेकर वीरभूम तक कंपनी शासन समाप्त करके संथाल राज्य स्थापित कर दिया गया।

उधर, कंपनी के अधिकारियों में घबराहट फैली हुई थी। इस बढ़ते हुए आदिवासी जनसैलाब को रोकने में अनेक अधिकारी अपने प्राण गंवा चुके थे। अंत में हार कर नवंबर 1855 में वीरभूम व मुर्शिदाबाद से भागलपुर तक का सारा क्षेत्र सेना के सुपुर्द कर मार्शल लॉ लागू कर दिया गया। ब्रिटिश सेना को कत्लेआम का अधिकार प्राप्त हो चुका था। लड़ते हुए झुंड के झुंड आदिवासियों के शवों से धरती पट गई, लेकिन एक भी आदिवासी पीछे हटने को तैयार न

था। प्रो. नटराजन के अनुसार संग्राम में 30 से 50 हजार संथालों ने भाग लिया, जिनमें से 15 से 25 हजार संथालों ने शहादत दी।

चुनु मांझी भी इस युद्ध में शहीद हो गए। इनके चारों पुत्रों सिद्धू, कान्हू, चांद और भैरव को गिरफ्तार कर फांसी पर लटका दिया गया।

इस युद्ध में आदिवासियों की बहादुरी का वर्णन करते हुए हंटर ने अपनी पुस्तक में लिखा है--

"उस समय जो लड़ाई हुई वह युद्ध नहीं था। संथालों को आत्मसमर्पण जैसे शब्द का ज्ञान ही नहीं था। जब तक उनका युद्ध का नगाड़ा बजता रहा, अपने अंतिम वीर की शहादत तक वह लड़ते ही रहे। ब्रिटिश सेना में एक भी सिपाही ऐसा नहीं था जो इन आदिवासियों के बहादुरी और बलिदान पर शर्मिंदा न हुआ हो।"

गोंड राजा शंकर शाह

जबलपुर के पास पुरबा (आज जबलपुर का उप नगर) में शंकर शाह अपने शाही भवन में चहलकदमी करते हुए सोच रहे थे-- "मैं उस गोंड राजघराने का वंशज हूं जिसने गोंडवाना में डेढ़ हजार वर्षों तक शासन किया है। वह भी एक समय था जब मंडला, दमोह, सागर, सिवानी, जबलपुर, होशंगाबाद तथा पूर्व भोपाल रियासत आदि के 23 हजार गांवों पर हमारे पूर्वजों का शासन था। उन्हीं का वंशज, मैं शंकर शाह केवल तीन गांवों की जागीर लेकर अंग्रेजों की पेंशन पर गुजारा कर रहा हूं। धिक्कार है मुझे! और रियाया... उस समय रियाया (जनता) इतनी सुखी और वैभव संपन्न थी कि स्वर्ण मुद्राओं और हाथियों में लगान चुकाया करती थी। और आज...?"

सोचते हुए शंकर शाह निःश्वास छोड़कर रह गए। तभी एक कर्मचारी आया, उसने उनकी विचार श्रृंखला को भंग करते हुए एक पत्र शंकर शाह के हाथ में थमा दिया और बोला--

"दिल्ली से बादशाह सलामत का संदेशवाहक यह पत्र लाया है।"

शंकर शाह ने बड़ी फुर्ती से पत्र खोलकर पढ़ा। इस पत्र में जमींदारों, जागीरदारों, राजाओं और महाराजाओं से अनुरोध किया गया था--

"अब समय आ गया है कि भारत से अंग्रेजों को निकाल बाहर किया जाए। हिंदुओं को शालिग्राम, गंगाजी व तुलसी की सौगंध और मुसलमानों को खुदा और कुरान का वास्ता। सभी एकजुट होकर साथ दें और कंपनी शासन की गुलामी के जुए को कंधे से उतार फेंकें। ध्यान रहे अंग्रेज हिंदुओं और मुसलमानों में फूट डालने की साजिश रच सकते हैं। बहुत चौकस रहने की जरूरत है।"

इस पत्र को पढ़ते-पढ़ते शंकर शाह का शरीर रोमांचित हो उठा, उनमें नई चेतना आ गई, उन्हें एक दिशा मिल गई। पत्र को पढ़ना छोड़ बीच में ही सोचने लगे--

"गुलामी की जिंदगी से बेहतर है मर जाना... हां घर में नहीं, युद्धभूमि में। अब तो युद्ध छिड़ ही चुका है। उत्तर भारत का बड़ा हिस्सा मुक्त हो चुका है। पूर्व में क्रांति की लपटें उठ रही हैं। इंदौर और कोल्हापुर तक आग लग चुकी है। और जबलपुर... जबलपुर तो सदियों से हमारा रहा है। अभी 1818 की ही तो बात है, जब कंपनी ने गोंडवाना को हड़पा था। मैं शुक्रगुजार हूं बादशाह सलामत का, जिन्होंने पत्र भेजकर मेरी सुषुप्त चेतना को जगा दिया। अब कायरता का खेल और अधिक नहीं होगा। जबलपुर की छावनी के भारतीय सैनिकों से बात करनी होगी।"

शंकर शाह ने पत्र को पुनः देखा तो उसमें कुछ पंक्तियां लिखीं थीं--

हम हैं इसके मालिक, हिंदुस्तान हमारा।
पाक वतन है कौम का, जन्नत से भी प्यारा।।
आज शहीदों ने तुमको अहले वतन पुकारा।
तोड़ गुलामी की जंजीरें बरसाव अंगारा।।
हिंदू-मुस्लिम, सिक्ख हमारा भाई प्यारा।
यह आजादी का झंडा इसे सलाम हमारा।।

(यह गीत 1857 की क्रांति से पूर्व अजीम अल्लाह खां द्वारा प्रकाशित *पयामे आजादी* में दिल्ली से हिंदी व उर्दू में तथा झांसी से मराठी में छपा था)

इस गीत को पढ़कर शंकर शाह पुनः विचारों में खो गए। इसी गीत ने उनके हृदय में उथल-पुथल मचा दी। उनकी चेतना काव्यलोक में विचरण करने लगी। उनके अंतर्मन ने उन्हें कुछ लिखने के लिए बाध्य कर दिया।

उसी सरकारी उद्घोषणा (बहादुरशाह जफर द्वारा भेजा गया पत्र) के पीछे उन्होंने लिखा--

मूंद मुख डंडिन को चुगलन को चबाई खाई
खूंद दौड़ दुष्टन को शत्रुन संहारिका।

मार अंग्रेज रेज कर देई मात चंडी
बचै नहीं बैरी एरी प्रलयंकारिका।
संकर की इच्छा कर दास प्रतिपाल कर
दीन की सुन टेर आकै मात प्रनपालिका।
खाय लेई म्लेच्छन को, झेल नहीं करौ अब
भच्छन कर ततच्छन घोर मात कालिका।

शाही उद्‌घोषणा पत्र और उसके पीछे स्वरचित यह कविता शंकर शाह के लिए प्रेरणा का स्रोत बन गई थी। अतः इस पत्र को उन्होंने एक रेशमी कपड़े में लपेट कर अपने तकिए के नीचे रख लिया। प्रतिदिन पूजा के समय इस कविता के माध्यम से वह मां चंडी से मलेच्छ अंग्रेजों को शीघ्रातिशीघ्र नष्ट करने और भारत को उनके चंगुल से मुक्त कराने की प्रार्थना किया करते।

मेरठ से आरंभ हुई सैनिक क्रांति की भनक जबलपुर के भारतीय सिपाहियों को भी लग चुकी थी। इस क्रांति से पूर्व सतारा के महाराज प्रताप सिंह के वकील रंगोजी बापू ने अनेक छावनियों में 'कमल का फूल' भेज कर सैनिक क्रांति के लिए सैनिकों को तैयार रहने के लिए सचेत किया था, लेकिन कोई क्रांतिनायक न होने के कारण सैनिक विवश थे। अब शंकर शाह का संदेश सैनिकों को मिला तो वह क्रांति में सम्मिलित होने के लिए तुरंत तैयार हो गए।

सैनिकों से सकारात्मक उत्तर मिलने पर शंकर शाह ने अपने निवास पर कुछ विश्वस्त ठाकुरों एवं जमींदारों व जागीरदारों को बुलाया। उन्होंने सभी को क्रांति की योजना समझाई। विस्तार से चर्चा होने के बाद निम्न निर्णय लिए गए--

(i) समस्त ठाकुरों, सामंतों व जमींदारों से संपर्क करके उन्हें क्रांति में शामिल होने के लिए तैयार किया जाए।

(ii) मोहर्रम से पहले दिन 52वीं बटालियन के भारतीय सैनिक 'हर हर महादेव' एवं 'अल्लाह हो अकबर' के जयनाद के साथ जबलपुर छावनी पर आक्रमण करके सबसे पहले शस्त्रागार पर कब्जा करेंगे। बाहर की जनता और हमारी सेना उनका साथ देगी।

(iii) छावनियों के ही कुछ सैनिकों को दायित्व सौंपा जाएगा कि वह क्रांति का उद्घोष होते ही सबसे पहले तोपों पर कब्जा करके उनका मुख ब्रिटिश सेना की ओर मोड़ दें।

इन निर्णयों के बाद शंकर शाह ने गुप्तचरों के माध्यम से ठाकुरों, सामंतों एवं जमींदारों से संपर्क बनाया तथा जबलपुर छावनी की 52वीं रेजीमेंट के भारतीय सैनिकों को निर्णय से अवगत करा दिया।

ब्रिटिश सेना का मेजर डब्लू.सी. आर्स्काइन बहुत ही चतुर, चालाक और बेरहम प्रशासक था। वह 52वीं बटालियन के सैनिकों के बदलते हुए तेवरों को भांप रहा था। इसीलिए उसने 2 अगस्त को कामठी से गोरे तोपचियों के साथ चलंत टुकड़ी (मोबाइल कॉलम) को जबलपुर बुला लिया। इस टुकड़ी के जबलपुर पहुंचने पर जब कुछ सैनिकों ने इसका विरोध किया तो आर्स्काइन के कान खड़े हुए। उसने तुरंत अपने गुप्तचरों को भारतीय सैनिकों में प्रवेश कराकर पता लगाने का आदेश दिया कि आखिर मामला क्या है?

गुप्तचरों ने पता लगाकर आर्स्काइन को सूचना दी-- "मोहर्रम के पहले दिन शंकर शाह के नेतृत्व में छावनी पर आक्रमण होगा और अंदर के सैनिक भी बगावत करेंगे।"

आर्स्काइन के लिए यह एक चौंकाने वाली सूचना थी। उसे विश्वास नहीं हुआ। अतः अपने एक विश्वस्त गुप्तचर को बुलाया और बोला--

"तुम फकीर का वेश धारण कर शंकर शाह से मिलो और सैनिकों की बगावत की सच्चाई और संचालन सूत्र का पता लगाओ।"

गुप्तचर ने फकीर का वेश धारण किया और जा पहुंचा शंकर शाह के निवास पर। द्वारपाल ने एक फकीर के आने की सूचना अंदर भेज दी। अंदर से एक कर्मचारी कुछ भेंट लेकर द्वार पर आया। फकीर (गुप्तचर) बोला--

"नहीं... नहीं...! मैं यह भेंट स्वीकार न करूंगा। मैं तो वर्ष में केवल पंद्रह दिन के लिए ही हिमालय की गुफाओं को छोड़ कर नगर में आता हूं। और चंद घरों में केवल मालिक या मालकिन के हाथों से ही भेंट स्वीकार करता हूं। यदि मालिक को यह स्वीकार नहीं होगा तो मैं वापस लौट जाऊंगा।"

कुछ ही देर में शंकर शाह स्वयं भेंट पात्र लेकर उपस्थित हुए। फकीर ने भेंट स्वीकार करते हुए झोली में से एक पुष्प निकाला और आशीर्वाद स्वरूप शंकर शाह को देने लगा। पुष्प देखते ही शंकर शाह चौंका-- "कमल का पुष्प...?"

"हां महाराज मैं सैनिक छावनी से आया हूं। हमको सारी योजना के बारे में जानकारी है लेकिन क्रांति का उद्घोष करने के लिए समय के बारे में भ्रम की स्थिति है।"

शंकर शाह का संक्षिप्त उत्तर था--

"जल्दबाजी न करें, यह सूचना भी पहुंच जाती। ध्यान रखना-सूर्योदय।"

"बस इतना ही काफी है। मैं चलता हूं"—कहकर फकीर वापस चल दिया।

आर्स्काइन को जैसे ही गुप्तचर द्वारा क्रांति-योजना की पुष्टि का संदेश मिला, उसने समय से पूर्व ही शंकर शाह को गिरफ्तार करने का निश्चय कर लिया। 14 सितंबर, 1857 को लेफ्टिनेंट क्लार्क को पुलिस दल के साथ पुरबा के लिए रवाना कर दिया। पुलिस दल ने भवन पर अचानक धावा बोल कर शंकर शाह, उनके पुत्र रघुनाथ शाह एवं 13 अन्य लोगों को गिरफ्तार कर लिया। भवन की तलाशी में कुछ अन्य आपत्तिजनक कागजातों के साथ रेशमी कपड़े में लिपटा शाही उद्घोषणा पत्र भी मिला। सभी गिरफ्तार लोगों को जेल में बंद कर दिया गया।

रेशमी कपड़े में लिपटे कागज (शाही उद्घोषणा) की भाषा को मेजर आर्स्काइन ने अंग्रेजी में अनुवाद कराकर उसे पढ़ा तो क्रोध से आग-बबूला हो उठा। जेल में रात को एक और घटना घटी। कुछ क्रांतिकारी सैनिकों ने शंकर शाह और उनके पुत्र को जेल से मुक्त कराने का असफल प्रयास किया। इसी कारण जेल में रात भर गोलीबारी होती रही। मेजर आर्स्काइन ने इस सैनिक क्रांति को पूरी ताकत के साथ दबा दिया।

शंकर शाह व रघुनाथ शाह पर मुकद्दमा चलाया गया। राजद्रोह के अपराध में बाप-बेटे को मृत्युदंड की घोषणा कर दी गई। इन दोनों के मृत्युदंड को ब्रिटिश अधिकारियों ने समारोह का रूप दिया, जिसमें समस्त अधिकारियों व साधारण जनता को भी वह दृश्य देखने के लिए आमंत्रित किया गया। मृत्युदंड

समारोह के लिए उपयुक्त स्थान जबलपुर एजेंसी हाउस के अहाते को चुना गया। इस अहाते में एक स्थान बहुत नीचा था। उसमें दो तोपें लगाई गई थीं। तीन ओर ऊंचे स्थान पर अधिकारियों व अन्य लोगों के बैठने की व्यवस्था की गई। एक ओर जनता दूर से ही खड़े-खड़े इस दृश्य को देख सकती थी। चारों ओर घुड़सवार सैनिकों का सख्त पहरा था। इस समारोह में शंकर शाह की पत्नी व परिवार के लोगों को विशेष रूप से बलपूर्वक लाया गया।

गिरफ्तारी के ठीक चार दिन बाद 18 सितंबर को प्रातः 11 बजे का समय था जंजीरों से कसे हुए दोनों पिता-पुत्र को तोपों के पास लाया गया। जंजीरें खोल दी गईं दोनों को तोपों के मुंह से बांध दिया गया। इस दृश्य का वर्णन करते हुए एक अंग्रेज प्रत्यक्षदर्शी ने लिखा है--

"मैं अभी-अभी विद्रोही राजा और उसके पुत्र को तोप से उड़ाए जाने का दृश्य देखकर वापस लौटा हूं। वह एक भयानक दृश्य था, किंतु वे इससे भी बुरी मौत के योग्य थे। यह पता चला है कि पकड़ लिए जाने पर हम सभी को जिंदा ही भून दिया जाता। जब उन्हें तोप के मुंह से बांधा जा रहा था तो उन्होंने प्रार्थना की कि भगवान उनके बच्चों की रक्षा करें ताकि वे अंग्रेजों को भस्म कर सकें...। उस वृद्ध पुरुष (जो मृत्यु से पूर्व कभी विचलित नहीं हुआ था) का और साथ ही युवा पुरुष (जिनकी आयु 40 वर्ष की होगी) का चेहरा भी शांत और गंभीर था। उनके पैर और हाथ जो बांध दिए गए थे, तोप के मुंह के पास पड़े थे और सिर तथा शरीर का ऊपरी भाग सामने की ओर लगभग 50 गज की दूरी पर जा गिरे थे। उनके चेहरों को जरा भी क्षति नहीं पहुंची थी और वह बिल्कुल शांत थे।"

(*चार्ल्स बाल; दि हिस्ट्री ऑफ इंडियन म्यूटिनी,* जिल्द दो, पृ. 145-146)

निर्लज्जता और क्रूरता की सीमाओं को लांघते हुए अंग्रेज अधिकारियों ने रानी फूलकुंवर को अपने पति व पुत्र के अधजले अवशेषों को बीनकर एकत्र करने के लिए विवश किया। रानी ने अपने हृदय पर पत्थर रखकर अवशेषों को एकत्र किया और अंग्रेज अधिकारी शरारती मुस्कराहट के साथ इस दृश्य का आनंद लेते रहे।

नारायण सिंह सोनाखान

रायपुर (छत्तीसगढ़) की जेल की कोठरी में बंद एक वृद्ध विचारों में खोया हुआ चहलकदमी कर रहा है। उसी समय सैनिकों की एक टोली कोठरी के आगे से निकलती है। टोली के एक सैनिक की दृष्टि कोठरी में बंद वृद्ध पर पड़ती है, वह चौंकता है। रुककर उसके चेहरे को स्पष्ट देखकर पहचानता है। वह उस ओर बढ़ना चाहता है। लेकिन पहरेदारों को देखकर टोली के साथ आगे बढ़ जाता है।

दो दिन बाद एक सैनिक उस वृद्ध का भोजन लेकर आता है और सींखचों के नीचे से भोजन कोठरी में सरकाकर इधर-उधर देखता हुआ धीरे से कहता है-- "महाराज! कागज के टुकड़े पर कुछ लिखा है, पढ़ लीजिएगा। संदेश की प्रतीक्षा करूंगा।"

वृद्ध भोजन में छिपे कागज को निकालकर पढ़ने लगता है--

"महाराज! आपकी गिरफ्तारी से तीसरी बटालियन के सैनिकों को बहुत पीड़ा हुई है। यहां के हमारे सैनिकों में बड़ी बेचैनी है। अभी कुछ दिन पूर्व एक महाराष्ट्रीयन ब्राह्मण कर्मकांड कराने छावनी में पधारे थे। अंग्रेजों के विरुद्ध सशस्त्र क्रांति की प्रेरणा दे रहे थे। वह कह रहे थे कि सारे भारत की सैनिक छावनियों में एक ही दिन सशस्त्र क्रांति होगी। उन्होंने तिथि की सूचना का इंतजार करने के लिए कहा। आपकी गिरफ्तारी से सैनिकों में असंतोष और अधिक बढ़ गया है। हम चाहते हैं कि यह संघर्ष आप ही के नेतृत्व में हो।"

यह वृद्ध थे सोनाखान के जनप्रिय जमींदार नारायण सिंह सोनाखान। सैनिक था तीसरी रेजीमेंट का लांसनायक शमशेर सिंह, जो कि कर्मचारी बनकर भोजन के बहाने नारायण सिंह सोनाखान को अपना संदेश देने आया था।

1856 में एक भीषण अकाल पड़ा था। इस अकाल ने भारत के अधिकांश भाग को अपनी चपेट में ले लिया था। इस अकाल की विभीषिका की कहानी पीढ़ी-दर-पीढ़ी आज तक चली आ रही है और गांवों में बुजुर्ग इसे 'छप्पनिया अकाल' के रूप में याद करके सिहर उठते हैं। उसी अकाल के दौरान जब रायपुर की जनता भूख से तड़प-तड़प कर दम तोड़ने लगी तो जमींदार नारायण सिंह से न देखा गया। उन्होंने अपने सारे गोदामों का अनाज जनता में बांट दिया। पास ही के करोंद गांव के व्यापारी माखन के पास गोदामों में अनाज के ढेर लगे थे। नारायण सिंह ने माखन से निवेदन किया--

"सेठ जी! आज जो कुछ भी हमारे पास धन-दौलत है, वह किसानों की कृपा से है। आज वह भूखों मर रहे हैं। आप उन्हें अनाज उधार दे दें। जब पैदा हो तो सूद सहित ले लेना।"

नारायण सिंह की प्रार्थना का माखन पर कोई असर न हुआ। अतः नारायण सिंह सोनाखान ने बलपूर्वक गोदामों से अनाज छीन कर गरीब जनता को उनकी जरूरत के अनुसार बांट दिया। जब भूख के कारण तड़प-तड़प कर लोग दम तोड़ रहे हों, उस समय गोदामों में अनाज को छुपा कर रखना बड़ा भारी अपराध है। उस अनाज को राजी से या बलपूर्वक छीन कर भूखी जनता में बांटना बड़ा भारी पुण्य है। इसी पुण्य के भागी बने नारायण सिंह सोनाखान। 29 अगस्त, 1856 ई. को नारायण सिंह ने रायपुर के तत्कालीन डिप्टी कमिश्नर को अपने इस कार्य की लिखित सूचना भी दे दी।

डिप्टी कमिश्नर इलियट ने नारायण सिंह सोनाखान के इस कार्य को अपराध मान कर 24 अक्तूबर को उन्हें गिरफ्तार कर लिया। अकाल के समय जनता के प्रति सरकार की उपेक्षा के कारण ब्रिटिश अधिकारियों से लोग पहले ही क्षुब्ध थे। नारायण सिंह की गिरफ्तारी ने लोगों की भावनाओं को और भड़का दिया। जनता में प्रतिशोध की भावना प्रबल हो उठी। नारायण सिंह की गिरफ्तारी को तीन महीने व्यतीत हो चुके थे। इधर तो अकाल की मार और ऊपर से ब्रिटिश अधिकारियों और उनके समर्थित साहूकारों के अत्याचार जब अपनी चरम सीमा पर जा पहुंचे तो सोहागपुर के जमींदार ने एक गुप्त सभा बुलाई। इसमें रामगढ़, कवधी, पंडरिया के जमींदारों ने भी भाग लिया। इस सभा में

निर्णय लिया गया कि गुप्तचरों के माध्यम से नारायण सिंह से संपर्क करके उन्हें मुक्त कराया जाए। दूसरा निर्णय यह लिया गया कि जनता में जागृति लाकर ब्रिटिश सत्ता को उखाड़ फेंकने की योजना बनाई जाए।

जिस प्रकार नगर में अंग्रेजों के प्रति बदले की भावना पनप रही थी और रायपुर जिले के उत्तर तथा पूर्व की दिशाओं में क्रांति के शोले दहक रहे थे उसी प्रकार रायपुर कारागार के अंदर क्रांति की योजना तैयार हो रही थी। रायपुर तीसरी रेजीमेंट का मुख्यालय था। इसी रेजीमेंट के गार्ड रायपुर के कारागार में कार्यरत थे। देशभर में भावी क्रांति की लहर व्याप्त थी। रायपुर कारागार भी इस लहर से अछूता न था। कारागार के सैनिक कारागार में बंद नारायण सिंह सोनाखान को अपना क्रांतिनायक मान बैठे थे।

रायपुर कारागार की वही कोठरी। रात्रि का दूसरा पहर।

कोठरी के दरवाजे की सींखचों से सटकर खड़े नारायण सिंह बाहर खड़े शमशेर सिंह से बातें कर रहे हैं।

"शमशेर! तुम उस पत्र का उत्तर मांग रहे थे ना! इस समय चारों ओर सन्नाटा है। कोई दूसरा नहीं है। मेरी बात ध्यान से सुनो--मुझे क्रांति का नेतृत्व करने में कोई आपत्ति नहीं है। क्योंकि राष्ट्र रक्षा के लिए बड़े से बड़ा कष्ट सहना मुझे स्वीकार है। इस पुण्य कार्य में यदि मेरा बलिदान भी हो जाए तो देश सेवा का मेरे लिए इससे बड़ा पुरस्कार भला और क्या हो सकता है! मेरे विचार में मातृभूमि के ऋण से उऋण होने का इससे आसान मार्ग और कोई है भी नहीं। लेकिन...।"

नारायण सिंह कहते-कहते रुक गए।

शमशेर पूछता है-- "लेकिन?... लेकिन क्या? महाराज आप बोलते-बोलते रुक क्यों गए?

"लेकिन इस राजबंदी की अवस्था में क्रांति का नेतृत्व मैं कैसे करूंगा?"

शमशेर उत्साहित होकर बोला-- "महाराज! एक खुशखबरी आपको देना चाहता था। लेकिन बहुत दिनों से मौका ही नहीं मिला। सोहागपुर के जमींदार के नेतृत्व में रायपुर के आस-पास क्रांति का शंखनाद हो चुका है। रामगढ़ और

पंडरिया के जमींदार भी साथ हैं। यहां तीसरी बटालियन का तो एक-एक भारतीय सैनिक आपके ऊपर अपनी जान न्यौछावर करने को तैयार बैठा है। बस उन्हें दिशा-निर्देशन का इंतजार है। आपकी मुक्ति का उपाय हम अवश्य खोज निकालेंगे।''

दूर खड़े एक सैनिक ने अंग्रेज अधिकारी के आने का संकेत दिया। शमशेर बात अधूरी छोड़ वहां से नौ-दो ग्यारह हो गया। 10 मई, 1857 को मेरठ से सैनिक क्रांति का उद्‍घोष हो गया। विभिन्न सूचना माध्यमों से क्रांति की लपटें, उत्तर भारत के अलीगढ़, इटावा, मैनपुरी, कानपुर, लखनऊ और इलाहाबाद तक तो फैलीं ही, उन लपटों से अजमेर, औरंगाबाद व जबलपुर भी अछूते न रहे। इस क्रांति की सूचना जब नारायण सिंह सोनाखान को मिली तो उनका हृदय किसी भी प्रकार से जेल की जंजीर के जाल से मुक्त होने के लिए मचल उठा। शेर पिंजरे से मुक्त होने के मार्ग ढूंढने लगा। नारायण सिंह ने अपने विश्वस्त शमशेर को बुलाया।

दो दिन बाद शमशेर ने महाराज से संपर्क किया। वह शमशेर से बोले-- ''तुम उस दिन कहकर गए थे कि 'मेरी मुक्ति का उपाय भी खोज लेंगे', सो वह उपाय मैंने खोज लिया है। लेकिन उस पर अमल तुमने करना है। यह देखो-- (दीवार से एक कपड़े को हटाते हुए) दीवार में मैंने गहरा छेद बना दिया है। बस इस छेद को बाहर किसी सुरंग से जोड़ना है। यही मेरी मुक्ति का मार्ग होगा।''

शेर सिंह को जैसे भविष्य की दिशा मिल गई हो, वह बोला-- ''बस महाराज! आप इसे ढक दीजिए। मैं शीघ्र ही आपको खुशखबरी लाकर दूंगा।''

देशव्यापी विप्लव की लहर से ओत-प्रोत भारतीय सैनिकों ने अपने गुप्तचरों के माध्यम से सुरंग तैयार करा दी। ठीक दस महीने चार दिन बाद 27 अगस्त, 1857 को शेर पिंजरे से गायब हो गया। अगले दिन पिंजरा खाली देख, ब्रिटिश अधिकारी हतप्रभ रह गए। अधिकारियों ने बहुत पीछा किया, लेकिन तब तक शेर अपने सही सुरक्षित ठिकाने पर पहुंच चुका था। जेल से मुक्त होते ही नारायण सिंह ने 500 आदिवासियों को अपनी सेना में सम्मिलित कर उन्हें प्रशिक्षित किया। सोनाखान की ओर आने वाले हर मार्ग पर ऊंची दीवारें और

सुरक्षित नाकेबंदी कर दी। आस-पास के गांवों में कुएं खुदवाकर उनमें गोला-बारूद व शस्त्रास्त्र एकत्र कर दिए। तत्पश्चात सोनाखान ने अंग्रेजी सत्ता के विरुद्ध सशस्त्र क्रांति की घोषणा कर दी।

नारायण सिंह सोनाखान के जेल से भागने पर अंग्रेज अधिकारी बौखलाए हुए थे। डिप्टी कमिश्नर इलियट ने लेफ्टिनेंट स्मिथ को आदेश दिया कि वह 'जिंदा या मुर्दा' सोनाखान को पकड़ कर लाए। अतः सशस्त्र सेना के साथ 20 नवंबर को स्मिथ रायपुर से सोनाखान की ओर चल पड़ा। मार्ग में स्मिथ को पता चला कि उस क्षेत्र की जनता नारायण सिंह सोनाखान को देवता-तुल्य मानती है। अतः कई स्थानों पर उसे जनता के रोष का सामना करना पड़ा। मार्गदर्शकों ने उसे गलत मार्ग बताकर खूब परेशान किया। जब स्मिथ सोनाखान से केवल तीन मील की दूरी पर रह गया तो गुप्तचरों से उसे समाचार मिला कि नारायण सिंह सोनाखान की नाकेबंदी और सैन्यबल के आगे उसे हार का मुंह देखना पड़ेगा। अतः स्मिथ ने तुरंत अपने संदेशवाहकों को भेजकर कटंगी और बड़गांव के जमींदारों से सैनिक सहायता प्राप्त कर ली। उधर से इलियट ने भी 100 सैनिकों का एक और दस्ता स्मिथ की सहायता हेतु भेज दिया।

नारायण सिंह सोनाखान ने सारे मार्ग बंद करके सोनाखान को पूर्ण रूप से सुरक्षित कर दिया। केवल देवरी का मार्ग खुला था। वहां का जमींदार महाराज साय उसका भाई था। अतः उसी मार्ग से उसने अंग्रेज सेना पर आक्रमण किया। लेकिन देवरी के जमींदार ने उसका साथ नहीं दिया। नारायण सिंह की सारी योजना पर पानी फिर गया। उसकी तोपें व सेना पहाड़ियों में यत्र-तत्र बिखर कर रह गईं।

पर्याप्त सैनिक सहायता उपलब्ध हो जाने के बाद स्मिथ ने एक के बाद एक कई मार्गों से सोनाखान में प्रवेश करने का प्रयत्न किया। लेकिन वह उसके सुरक्षा घेरे को तोड़ अंदर प्रवेश नहीं कर सका। मार्गदर्शकों ने उसे इस बार भी बहुत भटकाया। हर बार भटक कर स्मिथ सोनाखान के निकट पहुंचने की बजाए और दूर-भटक जाता। इसी बीच मंगल नाम का एक लालची व्यक्ति उसके पास आया और बोला--

"मैं आपको रहस्य की दो बाते बताता हूं। नारायण सिंह ने देवरी गांव की ओर एक दीवार बनानी आरंभ की थी। लेकिन वह अधूरी ही रह गई। उस मार्ग से सोनाखान आराम से पहुंचा जा सकता है। दूसरी बात यह है कि देवरी का जमींदार नारायण सिंह का यद्यपि काका लगता है, लेकिन दोनों में आपस का वैमनस्य आपको लाभ पहुंचा सकता है।"

स्मिथ को मुंहमांगी मुराद मिल गई। देवरी की ओर से सोनाखान पर आक्रमण किया गया। देवरी के जमींदार महाराज साय ने उल्टा स्मिथ का साथ दिया। नारायण सिंह अपने बचाव हेतु पहाड़ों पर चला गया। स्मिथ की सेना ने गांव में घुस कर मारकाट मचानी आरंभ कर दी। नारायण सिंह को लगा कि अब उसका बचना संभव नहीं है, अतः निर्दोष प्रजा को मारकाट से बचाने के लिए उसने आत्मसमर्पण कर दिया। स्मिथ नारायण सिंह को लेकर 5 दिसंबर, 1857 को रायपुर पहुंचा। नारायण सिंह पर मुकदमा चलाकर मृत्युदंड सुना दिया गया। 10 दिसंबर, 1857 को रायपुर के प्रमुख चौराहे पर इस क्रांतिवीर को तोप के मुंह से बांध कर उड़ा दिया गया। सोनाखान क्षेत्र देवरी के जमींदार महाराज साय को सौंप दिया। रायपुर में 'जय स्तंभ चौक' आज भी नारायण सिंह की शहादत की याद को ताजा कर देता है।

नारायण सिंह ने अपनी अस्थियों की समिधा से जिस क्रांति-ज्वाला को तीव्रता प्रदान की उसकी लपटों में उसके शत्रुओं को भस्म होना ही था। नारायण सिंह के पुत्र ने देवरी के जमींदार अपने चाचा की हत्या कर दी। रायपुर की जनता ने उसका पूरा साथ दिया। उधर, रायपुर की तृतीय रेजीमेंट की देशी पलटन में 18 नवंबर, 1858 की रात्रि में सैनिक क्रांति का विस्फोट हो गया। मेगजीन लस्कर हनुमान सिंह ने तृतीय रेजीमेंट के सार्जेंट मेजर सिंडवेल की हत्या कर दी। छावनी में पहुंचकर हनुमान सिंह चिल्लाया--

"सैनिको, उठो! जागो! सोनाखान की हत्या का बदला लेना है। गुलामी की जंजीरों को तोड़ दो। जो भी सामने आए उसे कुचल दो।"

हनुमान सिंह की ललकार से सैनिकों में जोश आ गया। उन्होंने तोपों पर अपना कब्जा कर उनका मुंह अंग्रेज सैनिकों की ओर मोड़ दिया। लेकिन कुशल नेतृत्व एवं सुसंगठन के अभाव में इस क्रांति को भी असफलता का मुंह देखना

पड़ा। छः घंटे के कड़े संघर्ष के बाद क्रांतिकारी सेना को आत्मसमर्पण करना पड़ा। इस क्रांति के नायक हनुमान सिंह तो बचकर भाग निकले लेकिन 17 क्रांतिवीरों को पकड़कर सरेआम फांसी पर लटका दिया गया।

छत्तीसगढ़ की जनता अपने बलिदानी वीरों की गाथाओं को आज भी लोकगीतों द्वारा अपने मन में संजोए हुए हैं। यथा--

टूट परिस जब हमर जवान,
भागिस फिरंगी लेके प्रान,
छत्तीसगढ़ भी ठोकिस ताल,
अठरासौ सत्तावन साल,
गरजेसि वीर नरायेन सिंह,
मेंटिस सबै फिरंगी चिह्न!

भीमा नायक

मध्य प्रदेश में नीमाड़ क्षेत्र का बीहड़ जंगल। सूर्य देवता अस्ताचल की ओर अग्रसर थे। वृक्षों के बीच से छन-छन कर हल्की-हल्की रोशनी द्वारा वह जंगल के वातावरण को सुरम्य बना रहे थे। इसी सुरम्य वातावरण में ऊंट-गाड़ियों का एक छोटा-सा काफिला धीरे-धीरे ठक्-ठक् की आवाज करता हुआ सुनसान वातावरण की नीरवता को भंग कर रहा था। इस काफिले को जाते हुए एक आदिवासी ने दखा तो उसका माथा ठनका। "ऊंटगाड़ी के काफिले के साथ सशस्त्र सैनिकों का पहरा? अवश्य ही इनमें सरकारी खजाना होगा। जल्दी से जाकर नायक को सूचित करता हूं।" ऐसा सोचते हुए वह भागा और जाकर नायक को सूचित करते हुए बोला--

"मैंने अभी-अभी सेधवा की ओर से खान देश की ओर सशस्त्र सेनिकों के पहरे में ऊंट-गाड़ियों को जाते देखा है। अवश्य ही उसमें सरकारी खजाना होगा।"

इस सूचना के मिलते ही नायक ने भील सेना की मदद से सरकारी खजाना तो लूटा ही सैनिकों के शस्त्रास्त्र भी छीन लिए।

समस्त उत्तरी भारत में 1857 के स्वतंत्रता संग्राम की लपटें शांत हो जाने के बाद भी मध्य भारत के आदिवासी नीमाड़ क्षेत्र के नायकों ने इस मशाल को प्रज्वलित किए रखा। इन्हीं आदिवासियों ने होल्कर सेना को भी पराजित कर उसके शस्त्रास्त्रों पर अपना कब्जा कर लिया। उन जंगलों में अंग्रेजों के साथ ऐसी घटनाएं प्रायः होती रहती थीं। अंग्रेज अधिकारी उन घटनाओं को लूट की घटना एवं उन भील सैनिकों को लुटेरे ही समझते रहे। लेकिन वह भील लोग लुटेरे न होकर राष्ट्रीय चेतना से ओत-प्रोत भारत माता के सच्चे सपूत थे, जिन्होंने अंग्रेजों को अपने-अपने क्षेत्रों से हटाने की शपथ ली हुई थी। उनके पास आधुनिक शस्त्रास्त्र तो थे नहीं, वे अपने सदियों से चले आ रहे पुराने तीर-कमानों, भाले,

बल्लम आदि से ही टक्कर लेते रहते थे। जो धन लूटा जाता था उसमें से कुछ धन सेना के लिए सुरक्षित रख शेष को लड़ाई में वीरगति को प्राप्त सैनिकों के परिवारों एवं गरीबों में बांट देते थे। इन संघर्षों में आदिवासियों के नायकों को वहां की जनजातियां बराबर सहयोग कर रही थीं। दो सौ बनजारे अपनी बैलगाड़ियां लेकर भील सेना को रसद व शस्त्रादि पहुंचाने का कार्य कर रहे थे। समस्त नीमाड़ क्षेत्र में क्रांतिकारी गतिविधियों का ऐसा जाल बिछा हुआ था कि इस संघर्ष को दबाने के लिए ब्रिटिश सरकार को गुजरात से नौवीं बंगाल इन्फैंट्री को नीमाड़ बुलाना पड़ा।

बड़वानी के आस-पास के क्षेत्रों में भीमा नायक ने भीलों की एक सेना खड़ी कर ली। अंग्रेज सेना के आधुनिक हथियारों से युक्त होने के कारण यह आदिवासी आमने-सामने की टक्कर से बचते हुए छापामार युद्ध-नीति अपनाते थे। भीमा नायक ने इस क्षेत्र को अंग्रेजों से मुक्त कराने की घोषणा कर दी थी। फलस्वरूप ब्रिटिश सरकार ने उसे पकड़वाने वाले को पांच सौ रुपये नकद इनाम की घोषणा कर दी।

भीमा ने अपने क्षेत्र के आस-पास के सभी जाति-वर्गों के नायकों की गुप्त सभा बुलाई। इस सभा को संबोधित करते हुए उसने कहा--

"भारत में अंग्रेजों के विरुद्ध सशस्त्र क्रांति का बिगुल बज चुका है। खरगोन और बरुड़ क्षेत्र अंग्रेजों से पूर्णतया मुक्त करा लिए गए हैं। उन्हीं से प्रेरणा पाकर मैं अब तक भील सौनिकों की मदद से अंग्रेजों से टक्कर लेता रहा हूं। लेकिन यह संघर्ष केवल मेरा नहीं है। मुझे आश्चर्य है कि आप लोग चुप क्यों बैठे हैं? इन अत्याचारों से मुक्ति पाने के लिए हम सबको मिलकर चलना होगा। अतः मैं भील-भिलालों, मंडलोइयों एवं हर वर्ग के लोगों को इस संघर्ष में अपने साथ सहयोग करने का आह्वान करता हूं।

भीमा नायक के विचारों से प्रेरित होकर भील-भिलालों, मंडलोइयों तथा हर वर्ग के लोगों ने भीमा नायक का साथ दिया। भीमा नायक ने अपनी सेना का पुनर्गठन कर संघर्ष तेज कर दिया। भीमा की बढ़ती हुई शक्ति को रोकने के लिए बार एच. केटिंग ने अपने 218 सैनिकों के साथ धोली बाबली (सैनिक शिविर) पर रात्रि में अचानक धावा बोल दिया। भीमा नायक का दल अचानक

हुए इस आक्रमण का सामना करने में समर्थ नहीं था। अतः उन्होंने पीछे हट कर पंच बाबली पर अपना सैनिक शिविर लगाया। केटिंग ने पीछा करते हुए भीमा के दल को पंच बाबली पर घेर लिया। दोनों सेनाओं में जम कर संघर्ष हुआ। अंत में भील सेना को जान बचाकर भागना पड़ा। भील सेना के 21 बैल, 59 घोड़े, ऊंट और इनका खजाना भी अंग्रेज सेना के हाथ लगा। इस लड़ाई में दस क्रांतिवीरों ने शहादत प्राप्त की। भीमा नायक बचकर भाग निकला।

सरकार ने भीमा नायक से आतंकित होकर, जब वह पकड़ में न आ सका, तो उसकी बूढ़ी मां सुरसी को कैद करके जेल में डाल दिया। सुरसी को जेल में कठोर यातनाएं दी गईं, जिससे कि वह भीमा नायक का पता बता दे या भीमा नायक अपनी मां को कैद से मुक्त कराने हेतु स्वयं को पुलिस के हवाले कर दे। लेकिन वाह रे क्रांतिवीर! वाह रे विप्लवी! तूने मातृभूमि की मुक्ति के इस महासमर में कभी भी शत्रु से सौदा नहीं किया, चाहे जन्मभूमि की रक्षा की खातिर जननी की ही कुर्बानी क्यों न देनी पड़े। कठोर यातनाओं के कारण पंद्रह दिन बाद ही 28 फरवरी, 1858 को वह बूढ़ी मां भी मातृभूमि पर शहीद हो गई।

भीमा नायक जैसे बहादुर बेटे की मां के प्रति सभी राजबंदी बहुत श्रद्धा भाव रखते थे एवं उसका बड़ा सम्मान करते थे। उसे 'सुरसी मां' कहकर पुकारते थे। राजबंदियों ने सुरसी मां को जेल से मुक्त कराने का असफल प्रयास भी किया था। सुरसी मां की हत्या का समाचार जैसे ही जेल के राजबंदियों को मिला उनमें सोया स्वाभिमान जाग उठा। जो कुछ सुरसी मां जीवित रहते नहीं कर पाई वह उनके बलिदान ने कर दिखाया। राजबंदियों में आपस में फुसफुसाहट होने लगी। कोई कहता-- ''सुरसी मां को जालिमों ने मार डाला। हम इस हत्या का बदला अवश्य लेंगे।'' तो दूसरा कहता-- ''धैर्य रखो। जल्दबाजी से कुछ न होगा।'' तो तीसरा कहता-- 'चुप रहो! इंतजार करो, योजना बन रही है। हत्या के बदले हत्या और सभी को जेल से मुक्ति।'

इस प्रकार उन राजबंदियों ने जेल से मुक्ति की योजना बना ली। जेल के पीछे का द्वार तोड़ डाला और भाग निकले। भागने से पहले ही इन राजबंदियों ने पोलिटिकल एजेंट कैप्टन होम्स की हत्या कर दी। साथ में जेल के खजाने को भी लूट ले गए। सात हजार छह सौ निन्यानवे रुपये दो आने व नौ पैसे की लूटी हुई रकम राजबंदियों ने भीमा नायक के पास पहुंचा दी।

जेल के खजाने की लूट और बंदियों के भागने की घटना से अंग्रेज अधिकारियों का खून खौल उठा। बदले की भावना से निरपराध लोगों को पकड़ कर क्रूरता का शिकार बनाया गया। भागे हुए राजबंदियों में से कुछ पकड़े गए। उन्हें सार्वजनिक स्थल पर फांसी पर लटकाया गया। इसके बाद भी संघर्ष थमा नहीं। 1861 तक बड़वानी भील अंग्रेजों के शिविरों पर आक्रमण करते हरे।

इस घटना के बाद अंग्रेजों ने गोरी पलटन बुला कर बड़वानी क्षेत्र को सैनिक घेरे में ले लिया। अब की बार उन्हें भील नायकों को पकड़ने में सफलता मिली। भीमा नायक के अंतिम समय के बारे में इतिहास के दस्तावेज खामोश हैं। कोई प्रामाणिक जानकारी उपलब्ध नहीं है।

तांतिया भील

यह कहानी एक ऐसे सच्चे इंसान की है जिसने सरकारी जुल्मों को सहन करने की बजाए उनसे टक्कर लेना उचित समझा और परिस्थितियों ने उसे विद्रोही बनने पर बाध्य कर दिया। एक ऐसा विद्रोही जो गरीबों का आश्रयदाता, अपने भक्तों का दास, गौ तथा ब्राह्मणों का प्रतिपालक था।

मध्य प्रदेश का नीमाड़ आदिवासी क्षेत्र। बिरदा गांव के पास पोखर और उसी के पास ही पोखर नाम की छोटी-सी बस्ती। भील जाति का हट्टा-कट्टा, लंबा कद, बाल बिखरे हुए, काला चेहरा, दाढ़ी बढ़ी हुई और गोल-गोल आखों वाला 30 वर्षीय युवक पोखर के पास ही अपना खेत जोत रहा था। तभी लाठियां और बल्लम हाथों में थामे कुछ लोग वहां पहुंचे। उन्होंने उस युवक को धक्के देकर खेत से बाहर कर दिया। उसके कारण पूछने पर उनमें से एक बोला--''हम मालगुजार शिवा पटेल के आदमी हैं। तुम्हारा बाप जब मरा था तो उस पर इस जमीन का लगान बकाया था। दो साल बीत गए। तुमने भी अभी तक लगान जमा नहीं कराया। अब पटेल ने यह जमीन हमेशा के लिए बेदखल करा ली है। अब तुम इसके मालिक नहीं हो।''

खेत में काम करने वाले इस युवक का नाम तांतिया था। अंग्रेज लोग उसे कभी टण्ड्रा तो कभी टांटिया नाम से पुकारते थे। उसे गांव के लोगों ने दो दिन पहले भी समझाया था कि यह जमीन अब उसकी नहीं है। तांतिया ने इस अत्याचार को चुपचाप सहने की बजाए निश्चय किया कि 'मैं इस अन्याय को सहन नहीं करूंगा और इसका मुकाबला करूंगा।' यही सोचकर उसने खेत को जोतना आरंभ कर दिया।

लठैतों से मुकाबला करता हुआ जब वह जबरदस्ती खेत में घुसने लगा तो पोखर के लोगों ने पुलिस को सूचना दे दी। पुलिस ने उसे गिरफ्तार कर लिया और एक वर्ष के कठोर कारावास की सजा सुना कर उसे जेल भेज दिया गया।

टण्ड्रा का जन्म सन् 1842 में नीमाड़ जिले के विरदा गांव में हुआ था। पिता भाऊ सिंह खेती करके मुश्किल से दो वक्त की रोटी जुटा पाते थे तो लगान कहां से देते?

जेल से छूटने के बाद तांतिया ने गांव छोड़ दिया। लेकिन गांव वालों और पटेल की मिलीभगत ने उसे एक दिन भी चैन से बैठने नहीं दिया। दो बार उसे झूठे चोरी के अपराध में गिरफ्तार कराया गया। तीसरी बार गिरफ्तारी से पूर्व ही वह भाग निकला। अब की बार टण्ड्रा ने सोचा कि यदि जिंदा रहना है तो इनसे डटकर मुकाबला करना होगा। यही सोचकर वह खजूरी गांव के विजनिया से मिला। विजनिया भील, शक्ल से भयानक, विशालकाय और काला था। उसकी सूरत को देखते ही आदमी की कंपकपी छूट जाए ऐसा उसका रौब था। इन दोनों के साथ एक दोपिया भी आ मिला। इन तीनों ने मिलकर गुप्त मंत्रणा की।

उन्होंने जो योजना बनाई उसे तीन चरणों में पूरा करना था। पहले चरण में अपने शत्रुओं से बदला लेना। दूसरे चरण में मालगुजार व पटेलों से लगान की रकम वसूल कर उसे गरीबों में बांटना और तीसरे चरण में थानों को लूटकर हथियार प्राप्त करना और अंग्रेज अधिकारियों की हत्या।

तीनों ने मिलकर अपने दल में और अनेक क्रांतिवीरों को भी सम्मिलित किया। इस दल के परिवार का भरण-पोषण लूट की रकम से होता था।

इस दल ने सबसे पहले तांतिया के पोखर बस्ती के दुश्मनों को ठिकाने लगाना आरंभ किया। जिन-जिन लोगों ने तांतिया को सताया था व उसके विरुद्ध गवाही दी थी उनसे बदला लिया गया। इसके साथ-साथ कुछ निरपराध लोगों को भी दंड भोगना पड़ा। इसके बाद शिवा पटेल, जिसने उसे इस राह को पकड़ने के लिए बाध्य किया, उसे समाप्त किया, पटेलों के यहां डाके डाल कर उन्हें घर से बेघर किया। उसने कभी गरीबों व महिलाओं और बच्चों पर हाथ नहीं उठाया। अब वह टंड्रा से 'डाकू टांटिया' बन चुका था।

मालगुजारों ने उसके विरुद्ध षडयंत्र रचा। हीमन पटेल ने अपनी चिकनी चुपड़ी बातों में फंसाकर तांतिया, जनिया व दोपिया तीनों को पोखर बस्ती में बुलाया और धोखे से पकड़वा दिया। तांतिया ने विजनिया को समझाया कि वह पोखर वालों पर विश्वास न करे लेकिन विजनिया न माना और तीनों को इसका परिणाम भुगतना पड़ा।

तीनों शेर एक ही पिंजरे में बंद कर दिए गए। सरकार की इस बेवकूफी का तीनों ने लाभ उठाया! पिंजरा तोड़ दिया गया। एक रात जेल की कोठरी की छत में सुराख करके, कंबलों की रस्सी बना 15 फुट ऊंची दीवार से छलांग लगा दी। जेल से भागते हुए तांतिया ने घोषणा की--

"देखो, टंड्रा अपने साथियों को लेकर जाता है। जे की माय ने सोंठ खाई होय ती मख पकड़ि ले।" अर्थात जिसकी मां ने सौंठ पिलाई हो वह मुझे पकड़ ले।

इसके भागने के बाद जेल में तो कोहराम मचा ही, समस्त नीमाड़ क्षेत्र के मालगुजारों को अपनी जान खतरे में नजर आने लगी। इन्हें पकड़ने के लिए सरकार पर भारी दबाव पड़ने लगा। अतः इस गिरोह को पकड़ने के लिए एक के बाद एक अधिकारी नियुक्त किए गए। लेकिन सभी को निराशा ही हाथ लगी। अब टंड्रा अपनी योजना के तीसरे चरण में था-- अंग्रेज अधिकारियों को सब सिखाना। टंड्रा को पकड़ने पर भारी इनाम घोषित किया गया। तांतिया ने भी अपने दल को कई टोलियों में विभक्त कर दिया। पहले से ही हर टोली को किस-किस पुलिस स्टेशन और स्थान पर धावा बोलना है, यह सब समझा दिया जाता था। एक टोली आज एक स्थान पर तो दूसरी टोली कल 20 मील दूर दूसरे स्थान पर और इसी प्रकार अगले दिन तीसरी टोली तीसरे स्थान पर डाका

डालेगी। इस तरह पुलिस उसकी तूफानी गति से परेशान थी। अधिकारियों की हत्याओं से घबराकर ही अधिकारी वर्ग उस क्षेत्र में नियुक्ति को मौत का पैगाम समझने लगा। आखिर अंग्रेजों ने भारी संख्या में गुप्तचरों और सादी वर्दी में पुलिस का जाल फैला दिया। फलस्वरूप दोपिया और विजनिया गिरफ्तार कर लिए गए। प्रत्यक्षदर्शियों के अनुसार विजनिया ने गिरफ्तारी से पूर्व चारों ओर से घिर जाने के बाद भी अकेले ही अभिमन्यु की भांति जो संघर्ष किया था वह उसके शौर्य की अद्‌भुत मिसाल थी।

विजनिया को गिरफ्तार कर लोहे की सांकल से जकड़ा गया। एक गाड़ी में डालकर उसके बंधे हुए शरीर को पुनः गाड़ी से बांधा गया। पिंजरे में बंद खूंखार शेर की तरह उसे जबर्दस्त पहरे में खंडवा लाया गया तो हजारों लोगों की भीड़ उसे देखने हेतु एकत्र हो गई। लोग सोचने लगे 'जिसका एक सरदार ऐसा शूरवीर और भयंकर है वह टंड्रा स्वयं कैसा होगा?

विजनिया और दोपिया के पकड़े जाने पर टंड्रा को बड़ा धक्का लगा। उसने बदले की कार्यवाही आरंभ कर दी। पुलिस के अनेक अधिकारियों को मारा और वेष बदल-बदल कर परेशान किया। सन्‌ 1878 से लेकर 1886 तक उसने नीमाड़, होल्कर आदि क्षेत्रों में लगभग 400 लूटपाट की घटनाएं कीं। पुलिस तांतिया के बारे में गुप्तचरों से भी कोई भेद न ले पाई क्योंकि सभी क्षेत्रों के लोगों में उसका सम्मान था। वह गरीबों का मददगार था। वह इतना निर्भीक था कि एक दिन एक नाई के वेष में थाने में पहुंच गया। एक अधिकारी की हजामत बनाते हुए बोला--

"टंड्रा के लोग कल मुझे उठा ले गए। क्या करूं जान बचानी थी सो उसकी हजामत बनानी पड़ी। हां साब मैं उसका ठिकाना देख आया हूं।" अधिकारी बहुत खुश हुआ। तभी टंड्रा बोला, अरे साब! आप टंड्रा को क्यों पकड़ेंगे? मैं ही तांतिया हूं-- हिम्मत है तो पकड़ो।" और एक ही झटके में उस अधिकारी की नाक काटी और रफूचक्कर हो गया। पुलिस हाथ मलती ही रह गई पर वह हाथ न आया। इसी प्रकार वेष बदल कर उसने कई बार पुलिस को चकमा दिया।

निरंतर 11 वर्ष तक दिन रात संघर्ष करते-करते वह थक गया था। उसके साथियों विजनिया और दोपिया को फांसी दी जा चुकी थी। वह सरकार से कुछ

शर्तों पर समझौता करने की सोच रहा था तभी गणपति नाम के व्यक्ति ने धोखे से फंसा कर उसे पकड़वा दिया। तांतिया को पकड़ने के तुरंत बाद नवंबर 1888 में फांसी दे दी गई।

तांतिया की स्त्री-जाति के प्रति इतनी श्रद्धा थी कि लोग उसे 'तांतिया मामा' कह कर पुकारते थे। जबलपुर के वकीलों ने तांतिया को क्षमा करने के लिए सरकार पर बहुत जोर डाला था। नीमाड़ की जनता ने अपने आंसुओं से तांतिया मामा को मौन श्रद्धांजलि अर्पित की।

गुण्डाधूर

सन् 1910। छत्तीसगढ़ में बस्तर की आक्रांत-अशांत धरती...। वन वीथियों खंडहरों और मार्गों पर पलाश पुष्पों की जगह यत्र-तत्र बिखरी बंदूकें, गोलियां और तोपों से छूटे हुए गोलों के खोल...। आग से जली-अधजली बस्तियों से उठता हुआ धुआं! सागवान-सागौन के दरख्तों की भीनी-भीनी सुगंध की जगह वातावरण में प्रवाहित होती बारूद की गंध! पृथ्वी माता के आंचल पर पड़े खूनी धब्बे और उसी आंचल के पीछे से किसी पीड़ित अबला की कोख से उपजा यह दर्दनाक गीत...।

सुना सुजन हे, सान सियान है!
भुमकाल गीत, गाई सुनाइबी।
किरपा करो मोके हे भगवान।
काई के ना जानी, पीला लोकमुई।
कोयरी कुचर, पांगन-नासन
करले आचे काय लाभ।
रोजे दिनर अतेयाचार ने चेत चेखला!...

क्या कोई नया महाभारत रचा गया है? क्या पुनः किसी दुर्योधन ने जन्म ले लिया है? क्या पुनः किसी द्रोपदी का चीरहरण हुआ है?

हां! महान भुमकाल में आदिवासियों के रक्त से इंद्रावती का लाल पानी इसी बात का संकेत है। बस्तर की इस दुर्दशा का आरंभ 1853 में कंपनी शासन के वहां प्रवेश करते ही हो गया था। ब्रिटिश शासन के आते ही किसानों से धन लूटने की कई चालें चली गईं। मालगुजारी बंदोबस्त किया गया। मालगुजारी की दरें इतनी अधिक बढ़ा दी गईं कि किसानों ने अपनी उपज बढ़ाने का प्रयास ही छोड़ दिया। किसानों से जबरन बेगार लेने के सरकारी फैसले ने कर्मचारियों द्वारा

जनता के दमन का द्वार खोल दिया। इसी से आदिवासी युवतियों का यौन शोषण आरंभ हुआ। जो कसर शेष रह गई थी वह पेयजल पर लगाए गए 'पानी प्याई' और पटवारी शुल्क ने पूरी कर दी। परिणाम यह हुआ कि समूचे बस्तर में असंतोष पनपा। यही असंतोष क्रांति की चिंगारी में बदलता चला गया।

रैयतों में सुलगती हुई इस चिंगारी को बस्तर का तत्कालीन दीवान लाल कालींद्र सिंह भांप रहा था। मन में राजलिप्सा का अंकुर लिए उसने आदिवासी समाज में घुल-मिलकर अच्छी प्रतिष्ठा और लोकप्रियता प्राप्त कर ली थी। उसने भ्रष्ट सत्ता को उखाड़ फेंकने की योजना बना ली। 22 अक्तूबर, 1909 को राजा और प्रजा दशहरा उत्सव मनाने में मग्न थे। उसी दिल लाल कालींद्र सिंह ने समुदायों के विश्वस्त मुखियाओं की जगदलपुर में सभा आयोजित की। सभा को संबोधित करते हुए वह बोले--

"आज सारी प्रजा अभिशप्त है। राजा का प्रजा से संपर्क टूट रहा है। 1908 में वन संरक्षण कानून बनाकर आदिवासी जनता की आजीविका का साधन अंग्रेजों ने छीन लिया है। सूदखोर, व्यापारियों व पुलिस द्वारा निरंकुशता का नंगा नाच खेला जा रहा है। गरीबी का लाभ उठाकर धर्म परिवर्तन जैसी शर्मनाक चालें चली जा रही हैं और राजा विवशता की डोर से बंधा हुआ यह सब देखकर भी चुप है।" लाल कालींद्र सिंह को सभी ने अपना समर्थन दिया। संघर्ष हेतु लोगों ने एक मत से गुण्डाधूर को अपना नेता चुन लिया।

गुण्डाधूर सुलझा हुआ पराक्रमी युवक था। उसकी संगठन-शक्ति और कूट-बुद्धि के कारण ही उसे क्रांति के नेतृत्व की कमान सौंपी गई थी। गुण्डाधूर ने तुरंत ही 46 परगनों के विश्वस्त और योग्य व्यक्तियों को चुना। इन परगनों में से कुछ उपलब्ध नामों में दंतेवाड़ा, बीजापुर, सुकमा जमींदारी, अंतागढ़, गोंडा गांव, कोटा, इंद्रावती घाटी, जगदलपुर, बस्तर और बरसूट हैं। गुण्डाधूर ने प्रतिनिधियों की बैठक में कुछ महत्वपूर्ण निर्णय लेकर क्रांति की दिशा निर्धारित कर दी।

(i) सभी क्षेत्रों में एक साथ, एक ही दिन और एक ही समय क्रांति का विस्फोट होगा। इसके लिए 6 फरवरी, 1910, रात्रि के 10 बजे का समय निश्चित किया गया।

(ii) सबसे पहले ब्रिटिश राज के पोषक एवं सबसे शक्तिशाली स्तंभ दीवान पंडा बैजनाथ को गिरफ्तार किया जाएगा। इसके बाद ब्रिटिश राज की समाप्ति एवं 'स्वतंत्र क्रांतिकारी' सरकार की स्थापना की घोषणा कर दी जाएगी।

(iii) सभी क्षेत्रों में क्रांति की सूचना भेजने के लिए 'लाल मिर्च' प्रतीक चिह्न निश्चित किया गया। निर्णय लिया गया कि सभी परगनों में लाल मिर्च भेजकर क्रांति में सम्मिलित होने के लिए लोगों से संकल्प कराया जाए।

(iv) यह भुमकाल (महान क्रांति) केवल अंग्रेजों तक ही सीमित न होगा। इसमें राजसत्ता, दीवान, राजगुरु, ब्रिटिश अधिकारी शामिल होंगे। इस सभा के निर्णयों के अनुसार क्रांतिनायकों का उद्देश्य समस्त राजतंत्र, साम्राज्यवादी शक्तियों, जागीरदारों, पुलिस थानों, सूदखोरों तथा शोषकों से लोगों को मुक्ति दिलाना था।

(v) सड़कों व मार्गों पर वृक्षों से बाधाएं खड़ी कर दी जाएं। टेलीफोन व तार लाईनों को नष्ट कर दिया जाए, जिससे कि सरकार को बाहर से मदद न पहुंच सके।

क्रांतिनायक गुण्डाधूर ने अपनी सूझ-बूझ से जो योजना तैयार की, उसकी अंग्रेज गुप्तचर विभाग को भनक तक न लगी। पोलिटिकल एजेंट डि'बेट को अपने दौरे के दौरान यह सूचना अवश्य मिली कि किसी विशेष प्रयोजन से गांवों में लाल मिर्च वितरित की जा रही है। लेकिन उसे इसका कोई सूत्र हाथ न लगा। अतः यह बात नजरअंदाज कर दी गई।

महान भुमकाल निकट आता जा रहा था। संघर्ष की तैयारी तेज होने लगी। जगह-जगह टोलियों में युद्ध अभ्यास आरंभ हुआ। धनुषों पर प्रत्यंचा चढ़ा दी गई। भाले, बल्लम, तलवार, कुल्हाड़ी व गंडासों की धार तेज की गई। अपनी माटी की मुक्ति की लालसा मन में लिए आदिवासी धनुर्धर अपने पूर्व निश्चित स्थलों की ओर मोर्चा संभालने निकल पड़े।

छह फरवरी को रात्रि के 10 बजते ही बस्तर में क्रांति का विस्फोट हो गया। पंडा बैजनाथ दीवान दौरे पर बीजापुर गया हुआ था। उसी दिन वह जगदलपुर की ओर रवाना हुआ। लेकिन विद्रोह की सूचना मिलते ही वह वापस बीजापुर लौट गया। अतः बैजनाथ तो पकड़ा न जा सका। लेकिन क्रांति में ब्रिटिश तंत्र

के सभी प्रतीकों पर आदिवासी जनता का क्रोध उमड़ पड़ा। वर्षों से इकट्ठा लावा ज्वालामुखी होकर फूट पड़ा। अत्याचारों से पीड़ित व शोषित लोगों की भावनाओं ने थानों, सरकारी इमारतों, सूदखोरों व शराब के ठेकेदारों पर कहर ढा दिया।

गुण्डाधूर की सैन्य परिषद में 9 प्रतिनिधि थे-- डिंडा उर्फ हिरमा पेंडा, रोडा पेंडा, सुरती सोमा, हुन्नम उर्फ हुंगा कोरिया मांझी, धनी राम सुखरू, झेंडिया और महादेव। क्रांति के प्रारंभ होते ही 7 फरवरी को चीफ लेफ्टिनेंट गुण्डाधूर ने सैन्य परिषद की गोदम में बैठक बुलाई। इस बैठक में कुछ गुप्त निर्णय लिए गए। इस क्रांति में अन्य आदिवासी जातियों के अतिरिक्त महरा, धाकड़, पनका, सुंडी, क्षत्रिय, ब्राह्मण और कायस्थों को शामिल करने के लिए आमंत्रित किया गया।

पंद्रह हजार आदिवासी पंडा बैजनाथ दीवान को खोजते फिर रहे थे। मार्गों में गाड़ियों की तलाशी ली जा रही थी। प्रतिशोध में आदिवासी अपनी भावनाओं पर नियंत्रण नहीं रख सके। उन्होंने जमींदारों व ब्रिटिश तंत्र के पोषक प्रतीकों व समर्थकों के घरों को आग लगा दी। 13 फरवरी तक क्रांति की लपटें उठती रहीं। प्रशासन ने दीवान बैजनाथ को सरकारी सुरक्षा में चांदपुर होते हुए रायपुर रियासत पहुंचा दिया। नरेश रुद्रप्रताप देव के महल को विशेष सुरक्षा प्रदान की गई थी लेकिन फिर भी नरेश महल में बिल्ली की तरह म्याऊं बनकर घबराया हुआ था। छोटे डोंगर, कुतुल एवं अबूझमाड़ जैसे दूर-दराज के क्षेत्रों में भी क्रांति की ज्वाला धधक उठी।

गुण्डाधूर की सेना ने बरसूरी होते हुए कुटक पर अपना अधिकार कर लिया। लेकिन दंतेवाड़ा पर उन्हें दंतेवाड़ा मंदिर के पुजारी बलराम जिया से पराजय का मुंह देखना पड़ा। गुण्डाधूर को इस पराजय से बड़ा धक्का लगा। अब उसने जगदलपुर के राजभवन को निशाना बनाने के लिए बस्तर के सिंहद्वार केशकाल घाटी पर अपनी मोर्चाबंदी आरंभ की। चारों ओर से भारी संख्या में क्रांतिकारी सेना वहां इकट्ठा होने लगी। कई हजार आदिवासी तीर-कमानों व बर्छी-भालों सहित आदेश की प्रतीक्षा करने लगे।

अंग्रेजी शासन के सामने अस्तित्व का प्रश्न उपस्थित हो गया। अंग्रेजी शासन का प्रतीक नरेश रुद्रप्रताप देव क्रांतिकारी सेना के हाथ लग जाता तो

अंग्रेजी शासन किसके सहारे टिकता? अतः इस क्रांति को कुचलने के लिए प्रशासन ने अपनी पूरी शक्ति झोंक दी। कुशल और क्रूर प्रशासक कैप्टन डूरी एवं सुप्रीम कमांडर गेयर को किसी भी तरीके से इस क्रांति को कुचलने हेतु नियुक्त किया गया। दूरस्थ प्रदेशों से कुमुक मंगाकर उसको पूर्ण शक्ति प्रदान कर दी गई। इन अधिकारियों ने अत्याचारों की सीमाएं लांघ दीं। सेना को गांवों में घुसकर लूट-पाट, आग लगाना और बलात्कार जैसे जघन्य अपराधों की खुली छूट दे दी गई। इधर, इंद्रावती के तट पर गुण्डाधूर और अंग्रेजी सेना के बीच घोर युद्ध आरंभ हो गया। 16 फरवरी को 6 घंटे तक खूनी होली खेली जाती रही। आधुनिक शस्त्रास्त्रों से सुसज्जित सेना ने एक बार पुनः आदिवासियों की लाशों से धरती को पाट दिया। इंद्रावती का लाल पानी इस तथ्य का गवाह था कि धरती मां के इन सपूतों ने देश की खातिर मरना सीखा था लेकिन पीठ दिखा कर भागना नहीं। गुण्डाधूर के सहयोगी हुंगा मांझी के शहीद होते ही गुण्डाधूर अंग्रेज सेना को चकमा देकर बच निकला, लेकिन उसके सिर में चोट लग गई।

घायल शेर पुनः शक्ति इकट्ठा करने में जुट गया। उलनार और नेतनार के गांवों के लोगों को गुण्डाधूर ने प्रेरित किया। लोगों ने सामूहिक शपथ लेकर गुण्डाधूर को विश्वास दिलाया--

"मातृभूमि की रक्षा हेतु रक्त की अंतिम बूंद तक हम संघर्ष करते रहेंगे। लेकिन इस पावन माटी को अंग्रेजों से मुक्त करा कर ही दम लेंगे।"

गुण्डाधूर की सिर की चोट ठीक हो चुकी थी। अब की बार गुण्डाधूर की सेना ने घात लगा कर अंग्रेज सेना पर आक्रमण किया। इस अचानक आक्रमण से गेयर हतप्रभ रह गया। जितनी देर में वह संभलता आदिवासी सेना ने तीरों की बौछार कर उसे आत्मसमर्पण हेतु सोचने पर बाध्य कर दिया। लेकिन सोनू मांझी ने गुण्डाधूर को धोखा दिया। वह शत्रु से मिल गया। एक दिन उसने आदिवासियों के नायकों को एकत्र कर खूब शराब पिलाई। जब साहब नशे में डूब गए तो उसने शत्रु को संकेत दे दिया। एक बार फिर लाशों से धरती पटी। लेकिन भूमि पुत्र गुण्डाधूर डिबरीधूर के साथ बच निकला। वह अंत तक हाथ नहीं आया।

इस क्रांति की विफलता के बाद बदले की भावना और आदिवासियों को सबक सिखाने के लिए प्रशासन कई वर्षों तक दमनचक्र चलाता रहा। इस संघर्ष में लगभग 20 से 25 हजार तक आदिवासियों ने मातृभूमि पर बलिदान होने का गौरव प्राप्त किया। मर मिटकर भी स्वाधीन रहने का यह संकल्प आज भी छत्तीसगढ़ के आदिवासी लोकगीतों में गूंज रहा है--

मनाल डोल्लि डोल्लि--पिसवार आयकाल।
मन राजतुन, गोरा साइविर हवाल।
मनाल उरा रासतिन, डोल्के वेडे के जवाल।।
मनपाटा बेसोड़, पाटा बेसोड़ केवाड़।।

अल्लुरि सीतारमन राजू

22 अगस्त, 1922 ई.। रात्रि का समय। गोदावरी, विशाखापट्टनम का रंपा क्षेत्र। आकाश में घनघोर घटाएं और घुमड़ते बादलों ने रात्रि को और भी भयानक बना दिया था। चिंत्तापल्ली पुलिस स्टेशन में पुलिस दल चैन की नींद सो रहा था। तभी गहन अंधकार को चीरते हुए कुछ लोगों के कदम शनैः-शनैः थाने की ओर बढ़ने लगे। थोड़ी ही देर में 200 क्रांतिवीरों ने चिंतापल्ली थाने को घेर लिया। अल्लुरि सीतारमन राजू का संकेत पाते ही इस दल ने थाने पर हमला बोल दिया। इस अप्रत्याशित हमले से पुलिस बेखबर थी। हल्के से संघर्ष के बाद क्रांतिवीरों ने सबसे पहले हथियारों पर कब्जा किया और प्रहार करते हुए अंधकार में विलीन हो गए।

अल्लुरि सीतारमन राजू का जन्म 4 जुलाई, 1897 ई. को आंध्र के मोगल्लू गांव में हुआ। 1919 के जलियांवाला बाग के नरसंहार से उनके जीवन में एक नया मोड़ आया। अंग्रेजों के अत्याचारों से क्षुब्ध हो, पढ़ने की राह छोड़ वह

महात्मा गांधी के असहयोग आंदोलन में शामिल हो गया। महात्मा गांधी ने चौरीचौरा की हिंसक घटना के कारण यह आंदोलन स्थगित कर दिया। इससे अल्लुरि सीतारमन राजू ने क्रांति की राह पकड़ ली।

इसी अवसर पर गोदावरी के निकट आदिवासी क्षेत्र में दो सगे भाई--गम मल्लू डोरा और गम गौतम डोरा भी अंग्रेजों की 'जंगल आरक्षण नीति' के विरुद्ध संघर्ष कर रहे थे। अंग्रेज अधिकारी आदिवासियों के साथ जानवरों का सा व्यवहार करते थे। उनकी हैवानियत का शिकार होकर आदिवासी युवतियों ने घरों से बाहर निकलना बंद कर दिया था। आदिकाल से प्राकृतिक संपदा पर निर्भर रहकर स्वच्छंद रूप से प्रकृति का आनंद लेने वाले आदिवासियों का स्वर्गतुल्य जीवन नरक बन गया। जंगलों की संपदा पर अंग्रेज अपना अधिकार जमा बैठे और अपने ही घरों में यह लोग बेगाने होकर रह गए।

इस स्थिति का सामना करने के लिए मल्लू डोरा और गौतम डोरा ने सीतारमन राजू से संपर्क किया। तीनों की गुप्त मंत्रणा आरंभ हुई। मल्लू डोरा राजू से बोला--

"महात्मा गांधी द्वारा असहयोग आंदोलन स्थगित कर देने के बाद हमें निश्चय हो गया है कि सशस्त्र क्रांति के बिना अंग्रेज हमारी जमीन और जंगल छोड़ने वाले नहीं हैं। इस कार्य के लिए हमें तुम जैसे साहसी नौजवान की आवश्यकता है। हम दोनों भाई धन-जन व शस्त्रास्त्र से तुम्हारी सहायता करेंगे। क्या तुम्हें इस सशस्त्र क्रांति का नेतृत्व करना स्वीकार है?"

"हां मुझे स्वीकार है। यह धरती मेरी मां है, जिसकी गोद में मैं पला हूं। यह जंगल मेरे पिता हैं, जिन्होंने मेरा पोषण किया है। जंगल के पक्षी मेरे सखा हैं। जिनकी चहचहाहट ने मेरी किलकारियों को स्वर प्रदान किया है। इन सबको अंग्रेजों के चंगुल से मुक्त कराना ही अब मेरे जीवन का लक्ष्य होगा।"

सशस्त्र क्रांति की योजना बनाकर तीनों ने ग्रामीण अंचलों में घूम-घूम कर जनता में जागृति पैदा की। एकजुट होकर संघर्ष के लिए वनवासी नौजवानों को भर्ती कर 'रमप्पा क्रांति-दल' स्थापित कर लिया। संघर्ष के लिए हथियारों की आवश्यकता थी। हथियार जुटाने के लिए इस दल ने पुलिस थानों को निशाना बनाया। सर्वप्रथम चिंतापल्ली और कृष्णादेवी पुलिस स्टेशनों को लूटा गया।

रिकार्ड के अनुसार उन्हें 27 कारबाइन (बंदूकें) 38 बोयेनेट्स तथा 20 तलवारें एवं भारी मात्रा में गोला बारूद हाथ लगा। राजा वोमंगी क्षेत्र से अंग्रेजों का सफाया करता हुआ यह दल 28 अगस्त, 1922 को गुदैम और फिर गंगा राजा मदगोल तक पहुंच गया।

अंग्रेज अधिकारी पहले तो इन घटनाओं को डाकू और लुटेरों का कार्य समझते रहे लेकिन बाद में गुप्तचरों से उन्हें सूचना मिली कि यह डाकू या लुटेरे नहीं अपितु ब्रिटिश सत्ता के विरुद्ध सुनियोजित षड्यंत्र है और अल्लुरि सीतारमन राजू इस संगठन का नेता है, जिसने अंग्रेजी सेना के समानांतर सेना खड़ी कर ली है। इस समाचार से अधिकारियों में हड़कंप मच गया। रमप्पा क्रांति दल पर अंकुश लगाने के लिए तुरंत ही लेफ्टिनेंट स्काट और लफ्टिनेंट आयर की कमान में फौजी दस्ते भेज दिए गए। 24 सितंबर को दोनों सेनाओं की आमने-सामने टक्कर हुई। इस संघर्ष में अंग्रेजों को पराजय का मुंह देखना पड़ा। राजू की सेना ने लेफ्टिनेंट स्काट और लेफ्टिनेंट आयर को पकड़वाने हेतु दस हजार रुपये के इनाम की घोषणा कर दी।

एक बार गदर पार्टी के प्रमुख बाबा पृत्वी सिंह आजाद को अंडमान की जेल से आंध्र प्रदेश की जेल में स्थानांतरित कर दिया था। राजू ने घोषणा करा दी एवं अनेक स्थानों पर इश्तहार लगवा दिए कि वह पृथ्वी सिंह आजाद को जेल से मुक्त कराएगा। ऐसे इश्तहार उसने पुलिस स्टेशनों पर भी पहुंचा दिए। इन इश्तहारों से सरकार चिंतित हो उठी। उसने, जिस जेल में पृथ्वी सिंह आजाद कैद थे, उसके चारों ओर पुलिस का भारी प्रबंध कर दिया। इसी हेतु कई थानों से पुलिस हटाकर उस जेल की चौकसी के लिए लगा दी गई। राजू ने चालाकी से काम लिया। जिन थानों से पुलिस बल हटा दिया गया था उसने उन सभी थानों पर अलग-अलग टोलियों द्वारा आक्रमण करा कर भारी संख्या में हथियार और गोला बारूद प्राप्त कर लिया।

इस घटना के बाद ब्रिटिश सरकार ने वह समस्त क्षेत्र असम राइफल्स को सौंप दिया। राजू की एक-एक गतिविधि पर निगाह रखनी आरंभ कर दी। उसे पकड़ने के लिए सेना ने सारे क्षेत्र की नाकेबंदी कर दी। सूचनाएं एकत्र करने के लिए उस क्षेत्र में तार और बेतार की व्यवस्था करनी पड़ी। आखिरकार इनके दल

को सेना ने घेर लिया। राजू के अनेक सैनिक हताहत हुए। शेष को लिंगापुरम की ओर भागना पड़ा। डोरे भाइयों के साथ राजू भी पुलिस की घेराबंदी तोड़ कर भाग निकला। अब इन्होंने गुरिल्ला युद्ध की नीति अपनाई।

सेना ने इनके छिपने के सभी संभावित स्थानों और घरों की तलाशी आरंभ कर दी। लोगों को सताया जाने लगा। राजू का पता न बताने पर कई घरों को आग लगा दी। महिलाओं को थाने में ले जाकर बेइज्जत करना आरंभ कर दिया। छोटे-छोटे बच्चों को पकड़कर पीटने जैसी क्रूर हरकतों से सीताराम राजू का हृदय सिहर उठा। अतः उसने पुलिस अधिकारियों को एक पत्र लिखा--

''अबोध बच्चों, असहाय महिलाओं, लाचार बूढ़ों और बेकसूर लोगों को पकड़कर पीटना और जेलों में ठूंस देना कोई बहादुरी नहीं है अपितु यह क्रूरता और कायरता की चरम सीमा है। निरपराध लोगों को न सताया जाए। मैं आत्मसमर्पण कर रहा हूं।''

इसके पश्चात राजू ने आत्मसमर्पण कर दिया और उसी दिन उन्हें फांसी पर लटका दिया गया। लेकिन कुछ विद्वानों का मत है कि राजू ने आत्मसमर्पण नहीं किया, अपितु 6 मई, 1924 को उसकी असम राइफल्स के जवानों से मुठभेड़ हुई। इस संघर्ष में राजू के बारह सैनिकों ने वीरगति प्राप्त की राजू घायल अवस्था में बच निकला। 7 मई को राजू गोदावरी नदी में स्नान कर रहा था तभी ब्रिटिश फौज द्वारा उसे चारों ओर से घेर लिया गया। राजू और उसके साथियों ने संघर्ष किया। लेकिन सेना ने उन्हें गिरफ्तार कर लिया। गिरफ्तार करके उन्हें कोतवाली ले जाया जा रहा था अंग्रेज अफसरों को भय था कि कहीं वह छूट कर भाग न जाए, अतः मार्ग में ही वृक्ष से बांधकर उसे गोलियों से छलनी कर दिया।

राजू के बलिदान के कुछ दिनों बाद ही गौतम डोरे और मल्लू डोरे को भी पुलिस ने खोज लिया। 7 जून 1924 को गौतम डोरे पुलिस से संघर्ष करता हुआ वीरगति को प्राप्त हुआ। मल्लू डोरे को गिरफ्तार कर लिया गया एवं 19 जून 1924 को उसे भी फांसी दे दी गई।

नारगुण्ड के राजा भास्कर राव

"क्या कहा?... अंग्रेजों ने हमें बच्चा गोद लेने के अधिकार से वंचित कर दिया है? और आप उस आदेश को मानने के लिए मजबूर हैं?... क्यों मजबूर हैं आप? आप नारगुण्ड के महाराजा हैं। अंग्रेज कौन होता है आपके अधिकार को चुनौती देने वाले?

महारानी की भृकुटी तनी देख महाराजा भास्कर राव अपने को किंकर्त्तव्यविमूढ़-सा महसूस कर रहे थे। वह अंग्रेजों से शत्रुता मोल लेकर उनकी विशाल सेना से टक्कर लेना नहीं चाहते थे। लेकिन उनकी रानी एक वीरांगना और स्वाभिमानिनी नारी थी। दबी जुबान से उन्होंने कहा--

"अपने छोटे से स्वार्थ के लिए युद्ध मोल लेकर खून खराबा कराना कोई बुद्धिमानी नहीं है।"

"छोटा-सा स्वार्थ... जिसे आप छोटा-सा स्वार्थ कह रहे हैं वह स्वार्थ नहीं है। बच्चा गोद लेना हमारी व्यक्तिगत समस्या नहीं है। यह समस्या है नारगुण्ड की। यह समस्या है नारगुण्ड की प्रजा की। क्या प्रजा को उत्तराधिकारी के रूप में भावी शासक नहीं चाहिए? क्या आप अपने बाद यहां की प्रजा को अंग्रेजों के चंगुल में फंसाकर उनका दासत्व स्वीकार करने के लिए विवश करना चाहते हैं?

"महारानी! आप जानती हैं कि आप क्या कह रही हैं?"

"हां महाराज, मैं जानती हूं कि मैं क्या कह रही हूं, और जो कह रही हूं वह ही कटु सत्य है। हमारे राज्य को हड़पने की यह अंग्रेजों की चाल है। मैं इस चाल को अपने जीते जी सफल नहीं होने दूंगी। यदि युद्ध से आप डरते हैं तो आप महलों में ही रहिए। आवश्यकता पड़ने पर युद्ध का संचालन मैं स्वयं करूंगी।"

रानी की बातों ने भास्कर राव का अंतर झकझोर दिया। उनका सोया स्वाभिमान जाग उठा। 25 मई, 1858 को उन्होंने मंत्री परिषद की बैठक बुलाई और सबकी सहमति से निम्न घोषणा कर दी--

"हम अंग्रेजों के किसी भी हुक्म को मानने के लिए बाध्य नहीं हैं। हम वही करेंगे जो हमारी प्रजा के हित में होगा।"

नारगुण्ड बेलगांव से लगभग 65 कि.मी. पूर्व की ओर मराठा प्रदेश का छोटा-सा राज्य था। कर्नल मानसन नारगुण्ड में अंग्रेजों का पोलिटिकल एजेंट था। मानसन ने भास्कर राव द्वारा की गई घोषणा की सूचना तुरंत अंग्रेज अधिकारियों तक पहुंचा दी। अंग्रेज अधिकारियों ने उसी समय मानसन को बलाया और उसे आदेश दिया--

"नारगुण्ड के राजा भास्कर राव पर हम तुरंत फौजी कार्यवाही करना चाहते हैं। तुम गुप्तचरों के माध्यम से वहां की सैनिक व्यवस्था का पता लगाओ एवं भास्कर राव के किसी विश्वस्त सहायक को किसी भी कीमत पर अपनी ओर मिलाने का प्रयत्न करो।"

"लेकिन नारगुण्ड का राजा भास्कर राव तो बहुत ही कमजोर तथ डरपोक है। उसकी रानी कुछ 'सिरफिरी' औरत है। उसी ने भास्कर राव को बहकाया है। वह थोड़ा समझाने से ही सीधे रास्ते पर आ जाएगा।"

कर्नल मानसन की बात अंग्रेज अधिकारियों को जंच गई। अतः उन्होंने मानसन को यह उत्तरदायित्व सौंपा कि वह भास्कर राव को ठीक रास्ते पर लाए। अधिकारियों ने मानसन के हाथों भास्कर राव के लिए एक संदेश भी भेजा--

"भास्कर राव के लिए उनकी हैसियत के मुताबिक पेंशन मुकर्रर की जा रही है। अतः वह अपनी सारी तोपें व गोला-बारूद अंग्रेजों को सौंप दे। रानी के बहकावे में आकर अपने विनाश को दावत न दे।"

यह संदेश और एक सैनिक पलटन लेकर मानसन नारगुण्ड के लिए चल पड़ा। अंग्रेजों का आदेश न मानने की घोषणा के बाद रानी ने नारगुण्ड की सुरक्षा के लिए अनेक कदम उठा लिए थे। गुप्तचर व्यवस्था सुदृढ़ कर ली थी। इसी कारण गुप्तचरों के माध्यम से भास्कर राव को मानसन के आने की सूचना मिल गई। अतः भास्कर राव के सैनिकों ने मानसन को नारगुण्ड पहुंचने ही नहीं दिया। 29 मई, 1858 के दिन भास्कर राव की सेना ने मानसन की सेना को मार्ग में ही दबोच लिया। अंग्रेज सेना भाग खड़ी हुई एवं मानसन मारा गया।

मानसन के मारे जाने की खबर से अंग्रेज सरकार बौखला उठी। अंग्रेजों ने किसी भी तरह भास्कर राव और उसके राज्य को तहस-नहस करने का एलान कर दिया एवं तोपों से सुसज्जित बहुत बड़ी पलटन एक जून, 1858 को नारगुण्ड के लिए रवाना कर दी। शहर से लगभग एक किलोमीटर दूर भास्कर राव ने अपनी छोटी-सी सेना के साथ पड़ाव डाल दिया। दोनों सेनाएं आमने-सामने आ डटीं। यद्यपि भास्कर राव के पास सैनिक संख्या में कम थे, लेकिन हौसला बुलंद था। भास्कर राव ने पहले दो कदम सेना को पीछे हटाकर पुनः तेज आक्रमण करने की नीति अपनाई। लेकिन मालकोम के साथ 74वीं और 28वीं पलटन एवं घुड़सवार सेना के चुने हुए सिपाहियों को इस उद्देश्य से भेजा गया था कि भास्कर राव को हर हालत में मिटा कर आना है। बाबा साहब भास्कर राव की सेना बहादुरी से लड़ी लेकिन फिर भी भास्कर राव के रिश्ते के भाई ने भास्कर राव को धोखा दिया और शहर की ओर का एक दरवाजा खुला छोड़ दिया। मालकोम की सेना उस खुले हुए दरवाजे से शहर में घुस गई। नारगुण्ड का किला मैदानी स्थल से 800 फुट की ऊंचाई पर था। शहर मैदानी भाग में था। मालकोम की सेना ने नगर में खूब लूट-पाट मचाई। लेकिन जब किले पर चढ़ने का हुक्म हुआ तो अंग्रेज सेना को बड़ी कठिनाई का सामना करना पड़ा। किले के ऊपर से

लगातार तोपों की गड़गड़ाहट रात्रि के वातावरण को भयावह बना रही थी। रास्ते का उचित ज्ञान न होने के कारण मालकोम की सेना ने रात्रि में विश्राम करना उचित समझा। प्रातःकाल की सूर्य की किरणों के फूटने से पूर्व ही किले की ओर अंग्रेज तोपखाने से भारी गोली-बारी आरंभ हो गई। किले में रानी ने नाकेबंदी की हुई थी। किले की सुरक्षा का उत्तरदायित्व रानी पर था। किले की ओर से भी भारी पत्थर वर्षा करके किले की ओर बढ़ते हुए दुश्मन के सिपाहियों को रोकने का भरसक प्रयत्न किया गया। लेकिन एक मराठा सिपाही किले की दीवार से ऊपर चढ़ने में सफल हो गया। उसने किले के मुख्य द्वार को खोल दिया। शत्रु सेना किले में प्रवेश कर गई। रानी सुरक्षा की दृष्टि से गुप्त मार्ग से किले से बाहर निकल गई। मालकोम की सेना ने किले पर अधिकार कर लिया लेकिन रानी को गिरफ्तार न कर सकी। चंद सैनिक एवं एक ब्राह्मण, जो किले से बाहर नहीं निकल सके, उन्होंने किले के भीतर एक कुएं में कूदकर आत्मबलिदान कर लिया। लेकिन जीवित शत्रु सेना के हाथ नहीं पड़े।

मालकोम की सेना यद्यपि जीत की ओर बढ़ रही थी लेकिन फिर भी वह बैखलाया हुआ था। क्योंकि वह मालसन की हत्या का बदला लेने के लिए आतुर था। उसे जीत नहीं भास्कर राव और उसकी रानी चाहिए थी। और दोनों ही उसके हाथ नहीं आ रहे थे। दूसरी ओर पुलिस सुपरिटेंडेंट सौटर भी भास्कर राव को शिकस्त देने के लिए उसकी खोज में था। बेलगांव से नारगुण्ड के मार्ग में मालकोम और सौटर दोनों की सेना आपस में मिल गई। अंग्रेज सेना की शक्ति दूनी हो गई। राजा भास्कर राव व रानी ने अपने विश्वसनीय सैनिकों के साथ अंग्रेजी सेना को खूब छकाया। 2 जून को सौटर के गुप्तचरों ने सूचना दी कि भास्कर राव मूल पुरवा नदी के किनारे विश्राम कर रहा है। बस फिर क्या था। अंग्रेजों की सेना भास्कर राव पर टूट पड़ी। शेर चारों ओर से घिर चुका था। आखिर उन्हें उनके साथियों के साथ गिरफ्तार कर लिया गया। लेकिन अंग्रेज सेना रानी को फिर भी गिरफ्तार नहीं कर सकी। बाबा साहब भास्कर राव पर मुकदमा चलाया गया। 12 जून, 1858 को राजा भास्कर राव अपने छह साथियों सहित देश और स्वाभिमान की रक्षा करते हुए फांसी पर झूल गए। नारगुण्ड की रानी और राजमाता भी नदी में कूदकर अपनी मान-मर्यादा की रक्षा करती हुईं सदैव के लिए अमर हो गईं।

वीर चंद्र सिंह गढ़वाली

18 अप्रैल उन्नीस सौ तीस। तत्कालीन भारत के सीमांत प्रदेश पेशावर (अब पाकिस्तान) में कांग्रेस पार्टी का कार्यालय। महात्मा गांधी द्वारा विदेशी वस्तुओं का बहिष्कार एवं शराब बंदी आंदोलन की घोषणा पर अमल करने हेतु शहर के प्रमुख नेता विचार कर रहे थे। विचार-विमर्श के बाद सर्वसम्मति से एक क्रांतिकारी फैसला किया गया। अगले दिन इस फैसले की घोषणा बड़े-बड़े पोस्टरों पर छपवा कर पेशावर की दीवारों पर चिपका दी गई। वह घोषणा इस प्रकार थी--

"सरकार ने विदेशी वस्तुओं और शराब की बिक्री पर यदि प्रतिबंध नहीं लगाया तो 23 अप्रैल से दुकानों पर धरना-सत्याग्रह आरंभ कर दिया जाएगा।..."

23 अप्रैल जैसे निकट आता जा रहा था क्षेत्र में अनेक शंकाएं जन्म ले रही थीं। 22 अप्रैल को ब्रिटिश सरकार ने शहर में दफा 14 लगा कर जुलूस और सभाओं पर प्रतिबंध लगा दिया। मुस्लिम-बाहुल्य क्षेत्र होने के कारण पेशावर में

कुल दो प्रतिशत ही हिंदू थे। इसी बात का लाभ उठाने के लिए अंग्रेजों ने पेशावर में नरसंहार कराने के उद्देश्य से हिंदू पलटनों को बुलाया हुआ था।

22 अप्रैल को प्रातःकाल का समय था। पेशावर छावनी में फौज की परेड के बाद एक अंग्रेज अधिकारी ने भारतीय सैनिकों को समझाना आरंभ किया--

''पेशावर में हिंदुओं की संख्या बहुत कम होने के कारण उन्हें मुसलमानों द्वारा प्रताड़ित किया जाता है। हिंदुओं की दुकानों को लूटकर उनमें आग लाग दी जाती है। घरों में बहू-बेटियों को बेइज्जत किया जाता है। अतः हिंदुओं की सुरक्षा हेतु मुसलमानों को सबक सिखाने के लिए ही आप लोगों को पेशावर में तैनात किया जा रहा है। हिंदुओं के हितों की रक्षा के लिए आपको गोली भी चलानी पड़ सकती है। क्योंकि हिंदुओं को सुरक्षा प्रदान करने के विरोध में मुसलमान इकट्ठे होकर प्रदर्शन कर रहे हैं।''

अधिकारी विष का बीज बोकर चला गया। पलटन भी अपने बैरकों की ओर चल पड़ी। लेकिन गढ़वाल कंपनी का हवलदार मेजर चंद्र सिंह अंग्रेजों की इस कूटनीति को समझ गया। चंद्र सिंह ने इन सैनिकों को मार्ग में ही रोक लिया और अपने साथी सैनिकों से प्रश्न किया--

''यदि यह सरकार हिंदुओं की इतनी हिमायती है तो जलियांवाला बाग में निहत्थे हिंदुओं पर गोली क्यों चलाई थी? जिस गोरखा पलटन ने वहां गोली चलाई थी, उसकी वजह से आज भी सब लोग गोरखाओं को घृणा की दृष्टि से देखते हैं। आज की ही भांति बहाना लेकर मलाबार में भी मोपलाओं पर गढ़वाल राइफल्स द्वारा गोली चलवाई गई थी। गढ़वाल राइफल्स के उस कुकृत्य को मोपला आज तक नहीं भुला पाए हैं। तो मेरे भाई यह हिंदू-मुसलमान का झगड़ा नहीं है। झगड़ा है, दोनों कौमों को आपस में लड़वा कर राज कायम रखने का। अफसरों की भाषा से स्पष्ट है कि निहत्थे अहिंसावादी लोगों पर गोली-वर्षा कराई जाएगी और पाप के भागी होंगे आप और हम। क्या आप सब इस पाप के बोझ को ढोते रहने को तैयार हैं?''

''नहीं! कभी नहीं!''

सभी सैनिक एक साथ बोल पड़े। सैनिक अंग्रेजों की चाल को समझ गए। वह अपने कर्तव्य-बोध के बारे में नए सिरे से सोचने लगे। चंद्र सिंह ने रात्रि के

समय गढ़वाल राइफल्स की प्रत्येक कंपनी के एक-एक प्रतिनिधि को बुलाकर अगले दिन की योजना सुनिश्चित कर दी।

23 अप्रैल को सूर्योदय से पूर्व ही पेशावर के चप्पे-चप्पे पर पुलिस व सेना का पहरा बैठा दिया गया। उधर, कांग्रेस के कार्यकर्त्ताओं ने काबुली फाटक (किस्सा ख़ाना) के पास मंच बनाकर सभा के आयोजन की तैयारी पूरी कर ली। गढ़वाली पलटन को इसी काबुली फाटक पर तैनात कर दिया गया। मंच के चारों ओर भारी संख्या में लोग एकत्रित थे। जनता अहिंसावादी अपने प्रिय नेता खान अब्दुल गफ्फार खां के मंच पर आगमन की बेसब्री से इंतजार कर रही थी। बाजारों व घरों की छतों पर लोग तमाशा देखने के लिए जमा थे। पूरा शहर फौज के कब्जे में था। सड़कों पर बख्तरबंद गाड़ियां और आकाश में हवाई जहाजों का मंडराना इस बात का संकेत दे रहे थे कि निश्चित ही कोई अनहोनी होने जा रही है। अथवा दूसरा जलियांवाला बाग हत्याकांड घटित होने वाला है। लेकिन आश्चर्य यह था कि अहिंसक आंदोलनकारी जनता निर्भय होकर अपने नेता के इंतजार में इधर-उधर ताक रही थी। तभी उनके नेता खान अब्दुल गफ्फार खां का आगमन हुआ। उनके मंच पर चढ़ते ही एक सरदार जी ने अपना जोशीला भाषण आरंभ किया। भाषण के बीच में ही, रंग में भंग डालते हुए, कैप्टन रिकेट ने घोषणा की--

''सभी लोग यहां से मैदान खाली कर दें और अपने-अपने घर चले जाएं। वरना गोली चला दी जाएगी।''

पठान लोगों ने जैसे कुछ सुना ही नहीं। सरदार जी का भाषण चलता रहा। तभी कैप्टन ने गढ़वाली पलटन को आदेश दिया--

''गढ़वाली पलटन! थ्री राउंड फायर।''

चंद्र सिंह गढ़वाली अपनी शांत मुद्रा में खड़ा रहा। कोई हलचल नहीं। कोई प्रतिवाद नहीं। पलटन के सैनिकों की नजरें मेजर चंद्र सिंह की ओर ताक रही थीं। कैप्टन रिकेट ने देखा कि आदेश का पालन नहीं हुआ। क्रोध से भरे हुआ रिकेट ने पुनः ललकारा--

''गढ़वाली पलटन! आई से, थ्री राउंड फायर!''

अब चंद्र सिंह से नहीं रहा गया। उसने तुरंत अपनी पलटन को आदेश दिया--

"गढ़वाली पलटन! सीज फायर!"

पलटन ने तुरंत अपनी बंदूकें जमीन की ओर झुका दीं। कैप्टन रिकेट ने चंद्र सिंह द्वारा सीज फायर के आदेश के तुरंत बाद अधिकारियों को सूचना भेज कर गोरी पलटन बुला ली। गढ़वाली पलटन से हथियार रखवा लिए गए। गोरी पलटन ने कैप्टन रिकेट के आदेश पर निहत्थे आंदोलनकारियों पर धुंआधार गोलियां बरसाईं। गोली बरसा कर पलटनें तो वापस चली गईं परंतु वहां शेष रह गए घायल महिलाओं, बच्चों और युवकों की चीख-पुकार और शवों के ढेर। लगभग 500 लोग गोलियों के शिकार हुए।

चंद्र सिंह गढ़वाली के कोर्ट मार्शल के विरोध में पेशावर में तीव्र प्रतिक्रिया हुई। सरकारी तंत्र विफल कर दिया गया। उनके साहस को सारे भारत में सराहा गया।

पूरी सजा काटने के बाद सन् 1942 ई. में चंद्र सिंह कारागार से मुक्त हुए। ब्रिटिश सरकार उनसे इतनी चिढ़ी हुई थी कि जेल से छूटते ही उन्हें कत्ल व अन्य छत्तीस मुकदमों के जाल में फंसाकर पुनः सात वर्ष के लिए जेल में डाल दिया।

सन् 1947 में स्वतंत्रता के पश्चात ही उन्हें जेल से रिहाई मिली।

संदर्भ ग्रंथ

- *मध्य प्रदेश में आजादी की लड़ाई और आदिवासी,* सुधीर सक्सेना, मध्य प्रदेश हिंदी ग्रंथ अकादमी।
- *लोकगीतों में क्रांतिकारी चेतना,* विश्वमित्र उपाध्याय, प्रकाशन विभाग, सूचना और प्रसारण मंत्रालय, भारत सरकार, पटियाला हाउस, नई दिल्ली।
- *क्रांति कथाएं,* श्री कृष्ण सरल, बलिदान भारती, दशहरा मैदान, उज्जैन।
- *अंकित गाथा, अनंकित आदिवासी,* लेख सुधीर सक्सेना, अमर उजाला, 15 अगस्त 1997
- 'दस दे फॉट', लेख निर्मल बनर्जी, *दी टाइम्स ऑफ इंडिया,* 15 अगस्त, 1947
- *हूज, हू ऑफ इंडियन मार्टयर्स,* भाग-1, भाग-2, भाग-3, शिक्षा एवं समाज कल्याण मंत्रालय, भारत सरकार, नई दिल्ली।
- *इंडियन स्ट्रगल फॉर फ्रीडम,* पश्चिम बंगाल सरकार।
- *देशभक्तों के बलिदान,* स्वामी ओमानंद सरस्वती, हरियाणा साहित्य संस्थान, गुरुकुल झज्झर (रोहतक)
- *धरती है बलिदान की,* बचनेश त्रिपाठी, सुरुचि प्रकाशन, केशव कुंज, नई दिल्ली।
- *चांद* पत्रिका 'फांसी' अंक, आचार्य चतुरसेन शास्त्री, स्वर्ण जयंती द्वारा पुनर्मुद्रित।
- हिंदू *पंच* पत्रिका का बलिदान अंक, कमला दत्त पांडेय, नेशनल बुक ट्रस्ट द्वारा पुनर्मुद्रित।